LES MEILLEURES

RECETTES PRATIQUES

TROISIÈME PARTIE

RECETTES, FORMULES, TOURS DE MAINS

DES

ARTS ET MÉTIERS

BIBLIOTHÈQUE DES ACTUALITÉS INDUSTRIELLES — No 131.

LES MEILLEURES
RECETTES PRATIQUES

TROISIÈME PARTIE

RECETTES, FORMULES, TOURS DE MAINS
DES
ARTS ET MÉTIERS

PAR

DANIEL BELLET

PARIS
Librairie Bernard TIGNOL
PUBLICATIONS DE LA
LIBRAIRIE de L'ÉCOLE CENTRALE des ARTS et MANUFACTURES
53 *bis*, Quai des Grands-Augustins, 53 *bis*

LES MEILLEURES RECETTES PRATIQUES

La Vie domestique

Un volume in-16 cartonné . . . . **2 fr.**

La Ferme et le Château

Un volume in-16 cartonné . . . . **2 fr.**

Les Arts et Métiers

Un volume in-16 cartonné . . . . **2 fr.**

NOTE PRÉLIMINAIRE

Nous ne prétendons point, et pour cause, avoir découvert quelque chose en réunissant des recettes, des formules pratiques, des procédés et tours de mains divers : il existe déjà des volumes de ce genre. Cela n'empêcherait pas ceux que nous avons l'honneur de présenter aujourd'hui au public de rendre des services, car les recettes qu'ils renferment n'ont point été publiées par nos confrères ; et elles viennent compléter fort heureusement les renseignements que donnent les publications plus ou moins analogues.

Mais nous avons considéré que ces volumes ne seraient réellement pratiques, qu'à condition d'être d'un maniement et d'une consultation très faciles. Et c'est pour cela que nous avons absolument adopté la forme d'un *dictionnaire*, d'un répertoire *uniquement alphabétique*. Les renvois sont tellement multipliés, par des inscriptions sous les mots divers auxquels la pensée peut se reporter, chaque mot étant à sa place alphabétique, que l'on trouve on peut dire instantanément la recette, la formule dont on a besoin. Cela nous semble un avantage de premier ordre. De plus, par suite de l'abondance des matières, pour laisser à chaque volume un format maniable et un prix très modeste, nous avons divisé l'ouvrage en trois séries distinctes : Recettes générales de la Famille et de la Vie ordinaire ; Recettes de la Ferme et du Château, s'appliquant plus particulièrement à la vie à la campagne, à l'entretien de la maison de campagne, aux besoins généraux de la ferme, du jardin, de l'office, ou encore à la pêche, à la chasse, etc. ; enfin Recettes et formules, tours de mains et procédés des Arts et Métiers.

Nous n'avons pas craint, bien au contraire, de reproduire parfois dans un volume d'une série des recettes qui se trouvent dans un volume appartenant à une autre série, simplement parce qu'elles peuvent s'appliquer dans des circonstances multiples ; mais en fait les divers volumes sont des dictionnaires bien distincts. Ajoutons que nous espérons bien que le succès nous amènera à continuer chaque série et toujours sous la forme *dictionnaire*, qui permet de parcourir rapidement même un nombre respectable de volumes.

A

Acajou (Couleur pour imiter l').

Faire bouillir pendant deux heures, dans deux litres d'eau, 250 grammes de bois de campêche et 30 grammes de bois jaune (se servir d'un vase de terre ou de cuivre, car un vase de fer donnerait une teinte noire à la couleur).

Appliquer sur le bois trois ou quatre couches de cette composition, suivant qu'on désire obtenir une teinte plus ou moins foncée. En lavant légèrement avec de l'eau additionnée de quelques gouttes d'acide sulfurique, la couleur devient rouge, et, s'il y a une plus forte dose d'acide sulfurique, elle prend une teinte rouge cerise, avec des reflets jaunes. En séchant, elle devient d'un violet sale, mais la couleur reprend tout son éclat lorsqu'on l'a frottée avec l'encaustique suivante :

100 grammes cire jaune,
108 grammes essence de térébenthine.

Faire fondre au bain-marie.

2e Recette.

Dans 27,50 kgs d'eau, on fait dissoudre 2,75 kgs de gomme laque en écailles orange, pulvérisée, comme de juste, la dissolution étant bien entendu plutôt une mise en suspension; puis 1,38 kg de borax broyé, enfin 0,560 d'une couleur d'aniline de teinte acajou et soluble dans l'eau.

Acajou (Mastic pour)

En faisant fondre ensemble 500 grammes de cire d'abeilles avec 125 grammes de résine et ajoutant 125 grammes de rouge d'Inde, on obtient un mastic ayant à peu près la couleur de l'acajou et qui peut être utilement employé pour boucher les trous ou les fentes qui se produisent dans les meubles construits avec ce bois.

Acajou (Polissage de l').

Pour polir l'acajou, mélangez une partie d'huile de lin bouillie et vieille avec deux parties de gomme-laque en écailles dissoute dans de l'alcool. Quand on veut employer, il faut toujours agiter au préalable la bouteille qui contient la mixture, afin que les composants soient bien mélangés; on applique du reste une faible quantité de cette sorte de vernis, en frottant vigoureusement jusqu'à obtenir un beau poli. On renouvelle les applications autant de fois que cela est nécessaire.

Acides.

(V. *Peinture*).

Acier (Pour reconnaître le fer de l').

On peut commencer par polir le métal douteux, puis y verser un mélange de deux parties d'acide nitrique et d'une partie d'eau, qu'on laisse agir un certain temps. Si la surface traitée de la sorte montre des taches, des variations de coloration, on se trouve en présence tout au moins de mauvais acier. De plus si les taches lavées à l'eau disparaissent, on sera en présence de fer; sur l'acier le mélange à base d'acide nitrique se colore en noir, et le noir ne disparaît pas au lavage.

Acier (Nettoyage des ornements en).

Pour nettoyer les ornements en acier, les tremper un court instant dans de la paraffine, puis les frotter avec une peau de chamois. Si un polissage semble s'imposer, étendre avec la peau une pâte faite de 15 grammes de savon mou et de 36 d'émeri aussi fin que possible.

Acier.

(V. *Bleuissage.* — *Bronzage.* — *Oxydation.* — *Soudure*).

Albâtre (Entretien de l').

Pour maintenir en bon état les objets en albâtre, les immerger un certain temps dans un lait de chaux, fait d'un peu de chaux éteinte dans de l'eau. On lave ensuite à l'eau clair, et on saupoudre l'objet, quand il est sec, d'un peu de blanc de Meudon. On pourrait aussi recourir à un bain d'eau de savon additionnée de quelques cristaux de soude ou d'ammoniaque.

Alcool (Briquettes d').

On a mis à la mode ces temps derniers les briquettes d'alcool, alcool solidifié par l'addition de certaines substances, et qui a cet avantage de pouvoir se transporter, sans qu'on ait crainte de voir le liquide se répandre hors du récipient qui le contiendrait.

Or, ces briquettes d'alcool, qu'on vend relativement cher, se fabriquent très facilement, pourvu qu'on se prémunisse contre les dangers de feu en installant son laboratoire en plein air. On prend pour cela un litre d'alcool (l'alcool dénaturé est excellent et moins cher), qu'on fait chauffer au bain-marie vers 60°. Alors on y jette 30 grammes de savon de Venise bien râpé et tout à fait sec, et 2 grammes seulement de gomme-laque en écaille. On brasse, on fait dissoudre complètement ces ingrédients, et on verse dans des récipients en fer-blanc qu'on bouche tout de suite : par refroidissement, on obtient des blocs solides d'alcool qui brûleront parfaitement quand on y mettra l'allumette.

Alcool pur (Pour reconnaître l').

L'alcool fait l'objet de falsifications innombrables, et il contient bien souvent des impuretés de toute sorte. L'alcool éthylique ou alcool pur brûle avec une belle flamme bleuâtre, sans dégager de fumée, ni former de résidu, et en laissant échapper une odeur assez agréable. Les matières étrangères lui feront produire une fumée sensible, et si, quand on brûle de l'alcool impur, on écrase la flamme avec une soucoupe, par exemple, celle-ci se couvrira d'une couche noirâtre ; après la combustion, on trouvera un résidu fort appréciable. Très souvent l'alcool est coupé d'eau : voici un moyen bien simple de s'en assurer. On place dans une cuillère une petite quantité de poudre de chasse et on l'humecte de quelques gouttes de l'alcool à examiner : s'il ne contient pas d'eau, on pourra facilement mettre le feu à la poudre ; dans le cas contraire, l'inflammation sera impossible.

Alliage blanc d'argent à mouler.

On ne peut pas l'employer à n'importe quel usage, car il est assez cassant ; mais il est d'un beau blanc, ne change pas par exposition à l'air, et se moule admirablement. On le fait de 4 parties de cuivre et de 16 de zinc. Souvent on lui donne le nom de platine de Birmingham, qu'il ne mérite point.

Alliage fondant à basse température.

Faire un amalgame de 10 parties de vif argent, de 50 de bismuth, de 31 de plomb et de 18 d'étain.

Alliage à mouler de Sorel.

Admirablement approprié aux moulages, prenant toutes les finesses, très dur mais un peu cassant. On le fait de 10 parties de cuivre, de 80 de zinc et de 10 de fer. Celui-ci est employé sous forme de rognures de fonte qu'on ajoute au zinc ; on verse ensuite le cuivre et l'on laisse chauffer un certain temps, en recouvrant de charbons ardents pour empêcher la combustion du zinc, et on obtient un bon mélange.

Alliage résistant aux acides.

La chimie et l'électricité recherchent les alliages résistant aux acides et permettant de remplacer la porcelaine, l'ébonite et autres matières, tout en se laissant travailler, suivant les besoins si variés et si divers des laboratoires.

M. Reitz, de Bockenheim, propose, dans ce but, un alliage présentant la composition suivante :

Cuivre.	15 parties
Etain	2,34
Plomb	1,82
Antimoine	1 »

Il s'agit, comme on le voit, d'un bronze contenant une quantité relativement grande de plomb et d'antimoine. La formule est à signaler.

Alliage.

(V. *Moulages*).

Aluminium d'autres métaux (Pour recouvrir l').

On plonge l'aluminium (qui ne peut être amalgamé) dans un liquide qui l'attaque, par exemple de la lessive de potasse, et on l'immerge aussitôt après, tandis qu'une mince couche du liquide y reste encore adhérente, dans une solution aqueuse de sel du métal que l'on désire précipiter à sa surface.

Aluminium (Nettoyage et mise à neuf de l').

Une solution faible de carbonate de soude étendue au pinceau peut suffire souvent pour les petits objets ; dans les cas où cela est insuffisant, on trempe dans de l'eau légèrement acidulée avec de l'acide sulfurique, et en sortant de temps à autre pour voir l'effet.

Aluminium (Pour noircir la surface de l').

On polit d'abord la feuille d'aluminium à traiter avec de la poudre d'émeri très fine; on étend alors sur le métal une couche très mince d'huile d'olive, et l'on chauffe à la flamme d'une lampe à alcool, ou même à l'étuve, s'il s'agit de feuilles très grandes. On verse encore un peu d'huile qu'on fait s'étendre partout, et l'on chauffe à nouveau. On obtient peu à peu une teinte brune, puis graduellement noire. On peut polir après refroidissement au moyen d'un linge de laine ou d'une peau de chamois.

Aluminium (Pour obtenir un dépôt d').

Cela peut s'appliquer au fer et aux autres métaux. On commence par désoxyder le métal que l'on veut traiter avec une solution de borax, et on le place dans un four à émailler. On élève la température entre 1.000 et 1.500 degrés, et l'on fait arriver des vapeurs d'aluminium obtenues par chauffage d'aluminium au bain de sable. Les vapeurs venant en contact avec la surface métallique, de l'aluminium se dépose.

Aluminium (Vernis pour).

On obtient ce vernis simplement en faisant fondre à une chaleur de 300 degrés environ de la gomme laque dans de l'ammoniaque ; on l'applique au pinceau. Qu'on n'oublie pas toutefois que l'ammoniaque produit des vapeurs inflammables, et qu'on prenne garde par conséquent aux inflammations inopinées.

Amalgame métallique adhérent au verre.

L'amalgame en question se fait avec une partie de bismuth et 4 de mercure.

Amalgame.

(V. *Empreintes*).

Ambre (Pour recoller l').

Il existe un moyen bien simple pour recoller les objets en ambre. On met sur les parties à recoller un peu de soude ou de potasse caustique en dissolution, et l'on rapproche soigneusement les pièces en les chauffant légèrement.

Anti-friction (Métal).

Il s'agit d'une des formules du genre, car il en existe beaucoup. — On le compose de 6 parties de cuivre, de 12 d'étain, de 150 de plomb de 30 d'antimoine, enfin d'une partie de fonte et d'autant de fer forgé. Il faut mélanger le fer en petits morceaux avec le cuivre pour obtenir une première fusion, et l'on ajoute ensuite les autres produits, qu'on a fait fondre isolément au creuset. On doit brasser chaque fois qu'on additionne d'un ingrédient.

Aquarium (Mastic pour).

L'important est de posséder un mastic absolument étanche, qui puisse servir utilement à maintenir des glaces dans les cadres de l'aquarium. Or, on peut se composer aisément ce mastic en mélangeant bien 6 parties de blanc d'Espagne, 3 de gypse, autant de sable blanc fin, 3 parties également de litharge et enfin 1 partie seulement de résine pulvérisée; on additionne le tout d'un vernis quelconque, et on malaxe comme on doit le faire de tout mastic.

Aquarium.

(V. *Mastic*).

Ardoisés (Tableaux noirs).

Il est facile de préparer les tableaux noirs ardoisés. On prend ou un panneau en bois bien sec et bien dressé, ou simplement un panneau de fort carton derrière lequel on colle, à la colle forte, deux voliges pour le raidir, ou encore une plaque de zinc épaisse. La surface ainsi choisie est recouverte d'un enduit dont la composition a été indiquée et même brevetée par M. Rosenbach. La voici :

Alcool à 90°.	50 litres.
Emeri en poudre fine . .	6 kg.
Gomme laque	3 —
Sandaraque.	3 —
Noir de fumée	2 —
Bleu d'outremer . . .	500 grammes.

On mélange le tout à une douce chaleur, puis on applique au pinceau ; la surface ainsi préparée a pour les exercices de l'écolier toutes les qualités d'une véritable surface d'ardoise. Cela vaut infiniment mieux que les tableaux simplement peints à la couleur noire, et sur lesquels les caractères tracés s'effacent très difficilement.

Argent (Nettoyage des broderies d').

Mélanger en parties égales du fiel de bœuf et de l'eau, imbiber un morceau de drap de ce liquide, et en frotter la broderie, qui reprend assez vite l'éclat du neuf.

Argent (Savon pour nettoyer l').

Faire chauffer ensemble 80 p. d'huile de coco et 40 p. d'une lessive à la soude ou à la potasse titrant 38° Beaumé ; quand la saponification est produite, on verse dans la dissolution savonneuse, tout en remuant, une partie de chlorure d'ammonium dans 10 p. d'eau. Il faut continuer de chauffer jusqu'à obtenir l'ébullition, pour retirer ensuite, et l'on a le savon voulu.

Argent (Imitation du vieil).

Voici une recette pour imiter le vieil argent. On doit savoir que, pour donner aux objets en argent l'apparence du vieil argent, il suffit d'en oxyder la surface, ou même simplement les parties en creux, où le frottement ne peut guère enlever la patine formée par l'oxyde. Or, voici un liquide qui peut aisément donner au métal la coloration brune caractéristique : c'est un mélange de deux parties de chlorure d'ammonium, de 2 également de sulfate de cuivre, d'une partie de nitrate de potasse et de 5 d'acide acétique. Quand on veut colorer tout l'objet, on le chauffe d'abord un peu, puis on le plonge dans le bain chauffé lui aussi ; quand, au contraire, on veut seulement oxyder certains points, on se sert d'une brosse en poils de chameau pour appliquer le liquide en ces points.

Argent.

(V. *Papier*).

Argentage des boules de verre et des miroirs.

Voulez-vous argenter ces boules de verre qu'on suspend assez souvent dans les jardins ? Faites dissoudre 300 grammes de nitrate d'argent et 200 d'ammoniaque dans 1.300 grammes d'eau distillée ; vous ajoutez ensuite 35 grammes d'acide tartrique dissous lui-même dans quatre fois son poids d'eau ; et enfin vous étendez le tout de 15 à 17 litres d'eau distillée. Cela vous fournit une première solution, et vous en préparez une seconde analogue, mais contenant deux fois plus d'acide tartrique que la première. On passe successivement chacune de ces solutions, et pendant une vingtaine de minutes, sur le verre à argenter, qu'on a au préalable bien nettoyé, séché et poli. Quand on estime que le dépôt d'argent est suffisant, on lave à grande eau, et l'on étend une couche de vernis qui protège l'argenture. La méthode réussit naturellement aussi bien pour les miroirs que pour les boules. Mais de toute manière, il faut prendre garde en manipulant le nitrate d'argent.

Argent terni (Pour rendre le brillant à l').

Il y a plusieurs moyens de rendre son brillant à l'argent terni. Quand il ne l'est qu'assez peu, le mieux est d'employer une mixture faite avec trois parties de craie préparée, lavée, purifiée (comme on en vend chez les droguistes), et une partie de savon blanc ; de ces deux ingrédients on forme une pâte peu épaisse en ajoutant ce qu'il faut d'eau. On en enduit la surface de l'argent, et l'on frotte avec une brosse jusqu'à ce que le brillant revienne. Pour les nettoyages plus difficiles, on se sert d'une pâte composée de blanc d'Espagne et d'esprit de sel ammoniaque ;

mais cette pâte a une odeur très prononcée et a une action violente sur les glandes lacrymales.

Argenture du bois et du métal.

Dans une cuiller en fer on place 24 grammes d'étain pur et la même quantité de bismuth ; on met sur le feu pour faire fondre, en remuant au moyen d'une tige de fer. Quand on a retiré du feu, on additionne de 24 grammes de mercure, et quand tout est bien mélangé, on verse sur une surface en pierre pour refroidir. Pour employer, on dilue avec un blanc d'œuf, du vermillon de doreur, et l'on ajoute un peu de gomme arabique. On peut aussi dissoudre avec de l'alcool.

Argenture sans courant électrique.

Il s'applique surtout aux petits objets, que l'on commence par bien nettoyer en les frottant avec du sable dans un sac ; on les attache tous en nombre au moyen d'un fil métallique, puis on les fait tremper dans du cyanure d'argent liquide et bouillant ; généralement il suffit d'une ou deux minutes pour atteindre le but. On les lave ensuite à l'eau pure, on les passe à l'eau bouillante et les sèche à la sciure de bois.

Argenture du métal anglais.

Il n'est nullement nécessaire de recouvrir d'abord d'une couche cuivreuse, comme on le croyait jadis. On plonge le métal simplement dans une solution saturée chaude de carbonate de potassium brut, et l'argenture se fait ensuite directement au moyen d'un fort courant électrique. Sans doute le carbonate dissout un peu la surface du métal et permet la prise de la couche d'argent.

Argenture.

(V. *Glaces*).

Armes.

(V. *Bronzage*).

B

Bâches (Traitement des).

On peut se faire des bâches avec une grosse étoffe de coton ou de jute. On y étend une peinture faite de 15 parties d'huile de lin bouillie, d'une partie et demie de noir de fumée, et d'une demi-partie de litharge. Cette préparation doit du reste, avant emploi, être soigneusement broyée et triturée, puis additionnée d'une partie et demie d'essence de pétrole et de 10 p. d'eau de chaux. Il faut plusieurs couches, la seconde n'étant appliquée, de préférence au couteau, que quand la première est absolument sèche.

Bagues à perles (Nettoyage des).

On place la bague dans un vase contenant de l'eau tiède ; puis on prend une brosse douce que l'on trempe dans l'eau en la frottant ensuite sur du savon de Marseille, de manière à préparer une eau savonneuse légère. On brosse doucement la perle et la monture, en enlevant bien la poussière et en ne laissant pas de savon sur la perle ni sur les diamants qui l'entourent, comme cela est souvent le cas. On rince à l'eau pure et tiède, et on place dans de la poudre de bijoutier, après avoir bien soufflé sur la perle pour la débarrasser de toute eau. On la secoue dans la sciure, et quand on l'en tire, on la brosse un peu au besoin pour la dégager de toutes les parcelles de sciure de bois.

Bijoux (Nettoyage des).

On étend à la surface des bijoux, avec une petite brosse douce, une solution faite d'une cuillerée à café d'ammoniaque dans une tasse d'eau chaude ; on frotte ensuite avec un linge doux.

Bijoux (Pour rendre le neuf aux objets en or et).

On prépare une solution avec 20 parties de bicarbonate de soude, 1 chlorure de chaux et 1 également de sel de cuisine, dans 16 parties d'eau ; on mêle bien, et l'on applique avec une brosse douce ; on peut sécher ensuite à l'aide de papier de soie.

Bijoux en doublé (Nettoyage des).

On prépare une eau de savon au moyen de savon marbré, et l'on y ajoute un peu d'ammoniaque ; alors on y trempe les objets durant quelques minutes. Si cela a suffi pour les nettoyer, on les lave à l'eau pure ; sinon on les brosse avec une brosse douce dans l'eau savonneuse, en augmentant tant qu'il est nécessaire la proportion d'ammoniaque. Finalement on rince et sèche à la sciure.

Blanchiment du cuir.

On fait d'abord digérer le cuir durant une heure avec de la benzine, à une température de 40° ; on retire le cuir et l'on fait évaporer la benzine par la chaleur, et l'on traite à l'eau de Javelle ou au peroxyde d'hydrogène avec de l'ammoniaque.

Blanchiment de l'ivoire, de l'os et de la corne.

On secoue et brasse du peroxyde d'hydrogène avec de l'éther ou de la benzine ; on sépare ensuite le peroxyde qui monte dessus, et cela au moyen d'un entonnoir séparateur, puis on traite ivoire et corne avec cette substance. Cela blanchit et dissout les graisses. Bien entendu le procédé est coûteux.

Blanchiment.

(V. *Huiles*).

Blanchissage des os.

Cette méthode peut servir aussi au blanchissage de la paille, dont on a besoin dans bien des métiers. Le procédé consiste simplement à dégraisser d'abord avec une solution de savon et de carbonate d'ammonium, puis à faire baigner au moins 24 heures dans un liquide fait d'eau et de 10 o/o d'eau oxygénée.

Bleuissage des objets d'acier.

On désire souvent bleuir des petits objets en acier, ou rendre leur couleur bleue à des objets qui l'ont perdue. Pour obtenir ce résultat, on commence par bien polir leur surface, soit en employant la pierré ponce, soit (ce qui risque moins de faire des rayures) en recourant à l'émeri.

On chauffe ensuite au rouge une barre de fer, et on la place au-dessus d'un vase rempli d'eau ; sur la barre en question on pose l'objet à bleuir, le côté poli en dessus, et on le voit bientôt bleuir. Quand il a pris la couleur désirée, il ne reste plus alors qu'à le faire tomber brusquement dans l'eau, cette espèce de trempe fixant définitivement la teinte bleue.

Bois (Coloration noyer du).

Au lieu du classique brou de noix, on peut plutôt se servir d'une teinture qui donne d'autres résultats, et donne bien au bois l'apparence du noyer. On la compose de 2,25 kgs de gomme laque en écailles grenat, de 1,13 kg de borax pulvérisé (comme la laque), enfin de 0,466 kg de couleur d'aniline teinte noyer, et soluble dans l'eau, le tout dans 22,5 kgs d'eau.

Bois (Enduit protecteur du).

On recommande, comme enduit protecteur à étendre sur le bois, une mixture faite de ciment frais de la meilleure qualité, que l'on broie bien avec du lait ; il faut que ce mélange ait consistance de peinture à l'huile ordinaire. Deux ou trois couches suffisent à protéger le bois des intempéries, et aussi à le rendre ininflammable. Comme condition de réussite, il est nécessaire que le bois n'ait point été raboté, et qu'il soit parfaitement sec.

Bois en noir (Pour teindre le).

Dans 300 parties d'eau, on fait dissoudre 20 p. en poids de chlorhydrate d'aniline ; à la solution on ajoute une p. de chlorure de cuivre. On applique le liquide à chaud ; puis, quand il est sec, on étend une autre couche faite de 20 p. de bichromate de potassium dans 400 p. d'eau.

Bois-pierre.

On mélange de la sciure et de la magnésite calcinée, réduite en poudre dans un désintégrateur, opération qui se fait par voie humide au pilon et au moyen d'un malaxeur. On comprime ensuite la matière, d'abord lentement et à faible pression ; puis on la fait passer dans une autre presse qui peut développer une pression de 15.000 tonnes, pendant huit heures. Bien entendu, on démoule à la presse hydraulique. Le produit obtenu a l'avantage d'être incombustible et imperméable ; il prend aisément un beau poli, ce qui le rend utilisable pour l'ornementation. Il est tout indiqué pour les dallages, les revêtements et les couvertures. Sa charge de rupture au cisaillement est de 439 kg., de 251 à la traction, enfin de 854 kg. par centimètre cube à la compression.

Bois (Polissage du).

Pour donner au bois un joli poli, mélangez une partie d'huile de lin bouillie avec deux parties d'un vernis de gomme-laque à l'alcool ; vous appliquez ce liquide en petite quantité (et après l'avoir bien agité) au moyen d'un chiffon, et vous frottez la surface de bois ainsi enduite jusqu'à obtenir le poli que vous désirez.

Bois (Imitation du vieux).

Voici quelques indications bien simples pour imiter le vieux bois, ou plus exactement pour transformer en vieux bois du bois fort ordinaire. Pour le chêne, par exemple, on se contente de saturer d'abord avec une solution de sulfate d'aniline, puis avec de la soude caustique : on réussit tout aussi bien sur le prunier que sur le chêne, et même sur le noyer. On peut également se contenter de frotter le bois avec de l'huile d'aniline, et l'on obtient une coloration, assurément superficielle, mais qui ressemble assez bien à de l'acajou.

Bois.

(V. *Dorure*. — *Ebène*. — *Incombustibilisation*. — *Patinage*. — *Pourriture*. — *Sculpture*. — *Taches*. — *Teinture*).

Boiseries (Réparation des vieilles).

Quel chagrin, lorsque des trésors artistiques sont vermoulus, attaqués par les vers ! Voici comment on peut y obvier. On plonge les vieilles boiseries dans un bain chaud, composé de colle forte et de gélatine, et maintenu assez limpide pour que le liquide puisse bien pénétrer dans les pores du bois. En additionnant le bain de quelques gouttes d'une essence odorante quelconque, on décourage, pour l'avenir, les petits insectes destructeurs, et on les empêche de continuer leurs déprédations.

Bouchage.

(V. *Ciment*).

Bouchons imperméables aux acides et à l'alcool.

On a souvent besoin d'avoir à sa disposition des bouchons imperméables aux acides ou à l'alcool. Pour cela il suffit de préparer une solution à froid de rognures de caoutchouc dans du chloroforme : bien entendu, il faut éviter de respirer les vapeurs de chloroforme et se défier des chances d'inflammation. On trempe les bouchons dans la solution, puis on les laisse sécher : le chloroforme s'évapore et le caoutchouc forme une pellicule à la surface du liège.

Bouchons (Nettoyage des).

Pour nettoyer les bouchons ayant déjà servi, mettez-les dans un baquet d'eau contenant un dixième d'acide sulfurique ; laissez-les vingt-quatre heures ; ils seront nettoyés, propres, sans aucune odeur de moisissure. Lavez-les à l'eau bouillante, puis à l'eau froide, et vous pourrez vous en servir pour les bouchages de vin ordinaire, de bière, etc.

Boutons blancs (Métal pour).

Prendre 372 parties d'un laiton (fait de 297 parties lui-même de cuivre pour 93 de zinc), puis 62 parties de zinc et enfin 31 parties d'étain.

Boutons de nacre (Pour faire disparaître la coloration jaune des).

On prépare une solution de 1 partie de soude caustique dans 10 p. d'eau et l'on y fait bouillir les boutons ; on les en retire, on les lave et on les sèche. Si la couleur jaunâtre persiste encore, on les trempe, mais quelques secondes seulement (et sans mettre les doigts dans le liquide), dans un bain fait d'une partie d'acide chlorhydrique et de 10 p. d'eau. On lave encore à l'eau pure et l'on sèche.

Brillant pour meubles.

On peut faire un bon brillant pour meubles en mélangeant en parties égales de l'alcool et de l'huile de lin : on remue bien cette mixture, et on l'applique avec un chiffon de laine, en frottant énergiquement comme de juste.

Bronzage de l'acier.

Cela peut servir également au fer, et donne une couleur comme celle dont on patine les canons de fusils, les fourreaux de bayonnettes, etc. On commence par chauffer le métal, puis on frotte très longtemps avec un mélange de beurre d'antimoine et d'huile d'olive ; on passe ensuite à la surface du métal, et en prolongeant autant que possible cette sorte de fourbissage, de la cire. On peut vernir finalement au copal ; mais il va de soi que, tout d'abord, il a fallu enlever toute la graisse que pouvait porter le métal.

Bronzage des armes.

M. Haswel, de Vienne, a pris le brevet d'un procédé qui a pour objet de revêtir, par l'électrolyse, les surfaces polies de fer ou d'acier, notamment les canons de fusil, avec un enduit de peroxyde de plomb, préservateur de la rouille. Ce procédé, qui fournit à la surface de fer ou d'acier un mince enduit parfaitement adhérant, résistant à la chaleur et indifférent à la corrosion atmosphérique, consiste à immerger les objets à bronzer, parfaitement décapés et reliés au pôle positif d'une batterie galvanique, dans un bain de nitrate de plomb additionné de nitrate d'ammonium, dont voici la composition :

Nitrate de plomb . . .	2	parties
Nitrate ammoniacal . .	2	—
Eau	100	—

L'intensité du courant doit être maintenue entre deux ou trois ampères.

Bronzage du cuivre.

Voici trois moyens très simples de bronzage du cuivre.

1° On frotte l'objet en cuivre, bien nettoyé, avec une brosse préalablement plongée dans un mélange formé de 20 parties d'huile de ricin, 80 parties d'esprit-de-vin, 40 parties de savon blanc, mou, gras, 40 parties d'eau.

On laisse le mélange agir sur le cuivre jusqu'à ce que l'on soit arrivé à la coloration bronzée désirée; on frotte alors le cuivre bronzé, c'est-à-dire que l'on enlève l'enduit avec de la sciure de bois chaude, et l'on protège la couleur bronze obtenue par une très mince couche de vernis.

2° Tout d'abord, l'immerger simplement dans une solution faite de 8 grammes et demi de nitrate de fer dans un demi-litre d'eau. 3° Ou encore bien nettoyer la surface de cuivre, puis l'enduire d'une pâte de safran et d'eau, et placer une minute sur une tôle de fer au-dessus d'un feu bien clair.

Bronzage du fer.

Voulez-vous tout à la fois bronzer et préserver de la rouille des objets en fer ? Voici un moyen qui réussit parfaitement, à condition que ces objets puissent subir l'action du feu ; d'ailleurs il s'agit d'un bronzage un peu clair, qui ressemble plutôt à une couche de vernis transparent, mais brun. Tout simplement, vous enduisez les objets d'huile de lin, et vous les faites ensuite chauffer à l'air libre. Il se produit une cuisson, une oxydation de l'huile, qui laisse une pellicule brune sur le fer.

Bronzage au feu.

On recouvre et enduit les objets à bronzer d'une mixture bien hémogène, faite de deux parties de graphite et de 5 parties de minium pulvérisé dans 5 p. également d'alcool. On laisse sécher l'enduit une heure environ, puis on place sur un feu de charbon de bois en retournant dans toutes les directions. On augmente l'intensité de la teinte par la proportion de graphite.

Bronzage du laiton.

On commence par le décaper suivant les procédés classiques, puis on étend une solution de nitrate de cuivre chauffée légèrement ; on repasse plusieurs fois cet enduit, et l'on met l'objet en laiton sur un feu de charbon de bois ; pour donner le ton voulu définitif, on frotte avec de l'huile d'olive.

Bronzage du zinc.

Au moyen d'un pincéau ou d'un chiffon, on passe plusieurs fois, sur le zinc dont on veut obtenir le bronzage, un enduit fait de 30 parties de sel ammoniac, de 10 p. d'oxalate de potasse, et cela dans 1000 p. de vinaigre. Il faut renouveler le passage du liquide sur le métal jusqu'à ce qu'on ait la teinte voulue.

Il est encore aisé de donner aux objets en zinc l'aspect artistique et recherché du bronze florentin. On les recouvre tout d'abord, par l'électrolyse, d'une mince couche de cuivre, puis on oxyde la pièce, soit en la mouillant avec du sulfhydrate d'ammoniaque, soit en la frottant avec la poudre à bronzer que vendent tous les marchands de couleurs. Finalement, lorsque la teinte convenable est obtenue, on la fixe en recouvrant l'objet d'une légère couche de vernis à l'alcool.

Bronze pour articles de Paris (Pseudo).

C'est une sorte de cuivre qui peut servir à couler des petites statuettes, à faire des encriers, des bougeoirs, et notamment ces articles parisiens présentant des entailles émaillées, et où l'émail est fondu directement sur place par chauffage du métal. On le compose de 58,3 parties de cuivre, de 16,7 d'étain et de 25,3 de zinc.

Bronze liquide.

Voici une formule de bronze liquide qui peut avoir des applications multiples. On prend 350 grammes de gomme dammar, qu'on pulvérise finement et qu'on mélange et fait dissoudre dans 1.000 grammes de pétrole, en remuant énergiquement ; puis on ajoute 250 grammes d'une solution à 10 pour 100 de soude caustique dans de l'eau. On laisse reposer ; et, comme il s'est alors formé deux couches superposées, on ne prend que celle de dessus : on la mêle et l'agite avec la même quantité de solution de soude caustique. On obtient ainsi une nouvelle séparation, et la couche superficielle est additionnée d'une poudre de bronze de couleur convenable, à raison de 250 grammes de poudre par litre de liquide.

Bronzes à neuf (Pour mettre les).

Voici une bonne méthode pour mettre les bronzes à neuf. Commencer par débarrasser l'objet en bronze de toute poussière, le laver ensuite dans de l'eau de savon blanc contenant une forte proportion de savon et de l'ammoniaque ; rincer, sécher ; puis frotter avec un mélange de terre pourrie et d'huile ou de paraffine — quand il n'y a naturellement pas de patine à attaquer — ; enfin frotter avec une peau de chamois.

Brou de noix (Préparation du).

Les ébénistes font un grand usage de cet enduit, qui donne au bois blanc la couleur du noyer. Pour le préparer, on recueille l'enveloppe pulpeuse des noix lorsque le fruit est bien mûr, on la recouvre d'eau, et on laisse le tout macérer pendant un an ou deux, suivant que l'on désire obtenir, comme produit de la macération, une teinture plus ou moins foncée.

Dans le cas où l'on veut obtenir immédiatement une teinture de brou de noix à la fois convenable et foncée, on fait sécher les enveloppes de noix bien mûres, et on en fait bouillir 200 grammes par litre pendant deux heures. Dès que le liquide est refroidi, il peut être employé ; et si l'on a eu soin de choisir des noix bien mûres, il peut être conservé en bouteilles avec toutes ses qualités. Cette teinture s'applique sur le bois blanc à froid ou à chaud.

C

Câbles et cordages (Conservation des).

Mettre tremper trois ou quatre jours dans une dissolution de sulfate de cuivre à 5 o/o ; on sèche ensuite et l'on enduit de goudron.

On peut aussi faire tremper dans une dissolution aqueuse à 10 o/o de savon, sécher, et appliquer une couche mince de goudron chaud.

Câbles métalliques (Conservation des).

Les câbles métalliques et cordages sont détruits assez rapidement par les agents atmosphériques, et cela d'autant plus que les effets du frottement sont plus grands. Voici divers mélanges propres à leur conservation.

1° On enduit en moyenne tous les mois le câble avec un mélange de suif et de graphite, cuit à consistance pâteuse.

2° On applique un mélange à chaud de 35 parties de chaux éteinte et 50 à 60 parties de goudron minéral et végétal.

3° Mélange égal de goudron végétal et d'huile de lin brut.

Cadres dorés (Nettoyage des).

Nettoyer les cadres dorés avec une éponge humide trempée d'esprit-de-vin chaud ou d'huile de térébenthine ; laisser sécher.

2e Recette.

Employer 1/3 de vinaigre, 2/3 d'eau, appliquer le liquide avec un pinceau.

3e Recette.

Battez deux ou trois blancs d'œufs, ajoutez-y 15 ou 20 grammes d'eau de javel et mêlez bien le tout ensemble. Trempez une brosse douce dans le mélange et frottez légèrement les cadres, surtout dans les endroits où la dorure a le plus souffert.

On peut recommencer cette opération plusieurs fois sans inconvénient.

4e Recette.

Dans un demi-litre d'eau, mettez assez de fleur de soufre pour que le liquide prenne une teinte dorée ; puis vous y faites bouillir quatre ou cinq oignons écrasés. On laisse reposer et l'on passe, puis on applique le liquide sur les dorures avec un pinceau mou.

Cadres.

(V. *Dorure*).

Calques.

(V. *Papier*).

Caoutchouc durci (Moyen de rendre l'élasticité au).

On prépare une solution d'ammoniaque et d'eau (dans la proportion d'une partie de la première pour deux de l'autre), et l'on y plonge l'objet en caoutchouc en le laissant baigner plus ou moins longtemps, jusqu'à ce qu'on constate que l'élasticité est revenue.

Caoutchouc (Entretien des objets en).

Les objets en caoutchouc, notamment ceux qui sont en caoutchouc rouge, ont le désagrément de se couvrir assez souvent d'une poussière blanche adhérente à la surface, qui provient du soufre incorporé à la gomme pendant sa vulcanisation. Pour la faire disparaître, on se trouve bien d'enduire l'objet d'un peu de glycérine comme moyen préventif, et, comme moyen curatif, de frotter légèrement avec un tampon d'ouate imbibé de pétrole.

Si vous voulez garder aussi longtemps que possible en bon état des objets en caoutchouc, maintenez-les dans l'eau pure, quand cela se peut par suite de leur nature ou de leurs dimensions ; autrement, lavez-les souvent à l'eau pure. Des objets devenus durs et cassants, reprendront leur souplesse si on les laisse tremper deux jours dans une solution faible d'alun dans de l'eau.

Caoutchouc (Pour fabriquer des objets en).

Voici un moyen pratique de construire en caoutchouc, sans moulage pénible, des objets de formes variées, et principalement des récipients qui possèdent ainsi une grande élasticité et une grande résistance, tout en étant inattaquables aux acides. On prend de la tôle perforée, ou bien une toile métallique à larges mailles, que l'on façonne suivant la forme voulue ; on la chauffe et, après l'avoir enduite au pinceau de chloroforme sur les deux faces, on applique fortement, de part et d'autre, une feuille de caoutchouc ; ces deux feuilles se réunissent à travers les perforations du métal, auquel elles adhèrent en même temps qu'elles se collent entre elles. Il n'y a plus qu'à procéder à la vulcanisation, et l'on a un récipient en caoutchouc, à âme métallique, qui présente de solides garanties de résistance et de durée.

Caoutchouc (Réparations des objets en).

Voici quelques indications assez utiles, pour réparer des objets en caoutchouc.

On commence par enlever, au moyen de papier émeri ou d'une lime fine, ce qu'on peut appeler l'épiderme du caoutchouc, la couche superficielle, cela donne une surface rugueuse qui assurera l'adhérence des matières employées pour la réparation. Ajoutons que toute l'opération doit se faire à une température de 18 à 20 degrés, qui laisse sa plasticité au caoutchouc sans faire sécher trop rapidement les solutions assurant le recollage. On vérifie si les surfaces de caoutchouc sont bien débarrassées de toute humidité. On prépare ou l'on achète une solution à 10 pour 100 de caoutchouc brut (nous entendons de la pure gomme dite Para) dans de l'essence de pétrole. On recouvre les parties avariées d'une certaine quantité de cette solution, que l'on étend avec un petit pinceau partout où l'on veut obtenir une adhésion intime. On comprime ensuite l'endroit réparé entre des plaques métalliques auxquelles le caoutchouc ne puisse pas adhérer ; la solution pénètre dans toutes les fissures, et l'on met sécher quelques heures. Quand le caoutchouc n'est plus fluide et devient pâteux, on recouvre les parties réparées avec de la toile gommée, préparée avec le meilleur caoutchouc possible, en chassant toutes les bulles d'air qui pourraient demeurer sous cette toile. On sèche, et finalement on enduit avec une solution à 4 pour 100 de chlorure de soufre dans du sulfure de carbone (solution essentiellement inflammable), ce qui vulcanise le soufre surajouté à l'objet réparé. Il ne reste plus ensuite qu'à bien laver. D'ailleurs, pour les objets appelés à supporter un effort, on peut superposer plusieurs couches de toile gommée.

On peut aussi se servir à chaud d'un ciment composé par parties égales de gutta et d'asphalte.

Ou encore : sur un bon feu on fait fondre deux parties de résine de pin, qu'on laisse chauffer jusqu'à ce qu'il se forme de fortes vapeurs ; à ce moment, on y ajoute peu à peu une partie de gutta-percha en petits morceaux, et cela en remuant toujours de manière à obtenir une pâte bien uniforme. On peut alors faire refroidir la matière et la garder dans un vase quelconque. Chaque fois qu'on voudra s'en servir, il faudra au préalable la liquéfier par fusion, afin de pouvoir en enduire les parties des objets à raccommoder. Quand le collage a réussi et que le mastic est refroidi, on enlève ce qui peut être en excès et dépasser les bords de la plaie.

Caoutchouc.

(V. *Ciment.* — *Encre.* — *Timbres*).

Carton.

(V. *Imperméabilisation*).

Celluloïd au bois (Pour coller le).

Nous donnons ci-après la formule bien aisée d'une colle pour faire adhérer le celluloïde au bois. On la prépare simplement en faisant bouillir de la colle forte au bain-marie, puis en y ajoutant peu à peu des cendres de bois. Il faut remuer constamment en faisant cette addition de cendres, et en verser suffisamment pour obtenir un mélange ayant la consistance d'un vernis épais.

Celluloïd (Pour recoller le).

Pour recoller le celluloïde à lui-même, il suffit d'humecter d'acide acétique les deux parties à rejoindre, et de les maintenir quelque temps pressées l'une contre l'autre.

Chapeaux de paille (Vernis pour).

Pour un vernis incolore, dans 800 parties d'alcool à 95°, on fait dissoudre 450 p. de copal clair de Manille mou et en morceaux, puis 75 de sandaraque, 7 1/2 de camphre, et 40 de térébenthine de Venise. Quand tout est bien mélangé, on additionne de quelque 25 gouttes d'huile de ricin, pour donner de l'élasticité.

Chapeaux de paille (Vernis noir pour).

Dans 250 parties d'alcool à 95°, on fait dissoudre 75 parties de gomme laque en écailles, 15 de résine, autant de térébenthine de Venise, et l'on ajoute 2 parties d'huile de ricin. Finalement on additionne du noir dissous à l'avance dans un peu d'alcool.

Chaux (Passage à la) des murailles.

Le mieux est de passer pour ainsi dire à la chaux vive, ce qui tue les germes en blanchissant. On met la chaux vive dans un sceau avec juste assez d'eau pour l'éteindre, c'est-à-dire la faire bouillonner en s'échauffant ; immédiatement ensuite on l'additionne d'eau, pour obtenir un enduit facile à passer, et on l'étend sur les murs.

Chaux ou soude caustique (Taches de).

Elles se produisent assez souvent comme conséquences de l'enlèvement de vieilles peintures sur du chêne, de l'acajou ; le bois est noirci de façon désagréable. Pour en éclaircir la teinte, on peut appliquer à plusieurs reprises une solution d'acide oxalique à raison de 10 grammes d'acide par demi-litre d'eau.

Vieux chêne (Pour donner une patine de).

Voulez-vous transformer en vieux chêne le bois tout neuf d'un meuble quelconque en chêne, auquel le temps n'a pu encore donner sa patine ? Pour cela, vous n'avez qu'à y faire une application d'ammoniaque liquide au moyen d'un pinceau ; la couche est d'autant plus foncée qu'on renouvelle les applications.

Chromographe (Pâte pour).

Dans 100 grammes de glycérine, on fait fondre et gonfler par conséquent 100 grammes de gélatine ; on ajoute de plus 100 gr. de dextrine, qui augmente la masse pâteuse, et l'on additionne finalement d'un peu de sulfate de baryte en donnant la consistance voulue.

Chromographie (Encre pour).

Dans 30 grammes d'eau, on fait dissoudre 10 grammes de violet d'aniline, le violet étant généralement la couleur employée pour la chromographie.

Ciment pour appareils chimiques.

Faire fondre ensemble 20 parties de gutta-percha, 10 p. de cire jaune et 30 p. de gomme laque en écailles. Ce ciment résiste aux agents chimiques de façon précieuse.

Ciment au caoutchouc pour caoutchouc, cuir, bois, fer, etc.

On voit qu'il est d'un usage extrêmement varié, et par conséquent fort utile. Les surfaces à cimenter sont rendues aussi rapeuses que possible, puis on les enduit chacune d'une couche de caoutchouc dissous par exemple dans du bisulfure de carbone ou de la benzine ; on étend par-dessus cette dissolution de caoutchouc du chlorure de soufre, qui a la propriété de vulcaniser à froid le caoutchouc, et l'on rapproche immédiatement les surfaces à cimenter. De cette manière, la vulcanisation et le durcissement se produisent tandis que ces surfaces sont en contact et étroitement serrées l'une contre l'autre, et il en résulte la prise d'un véritable ciment qui fait adhérer de la manière la plus énergique les deux surfaces que l'on a voulu réunir.

Ciment chinois.

C'est une colle excellente, qui peut servir à beaucoup d'usages. Dans 96 parties d'alcool de bois additionnées de 48 p. d'eau distillée, on fait dissoudre 24 p. de colle de poissons du Brésil et 3 p. de gomme ammoniaque. D'ailleurs la colle a dû d'abord être dissoute à chaud dans l'eau, puis on verse seulement le tiers de l'alcool, et la gomme n'est ajoutée qu'après dissolution de son côté dans le reste de l'alcool.

Ciment pour cuir.

Il est fort utile de pouvoir avoir en main un ciment, une colle permettant de rejoindre deux surfaces de cuir après rupture, déchirure, etc. Pour fabriquer le ciment en question, on fait dissoudre au bain-marie dans suffisamment d'eau 8 parties en poids de colle forte ; on a préparé d'autre part une pâte d'empois représentant 16 p., on y ajoute de l'eau, puis 1 p. de térébenthine, et finalement on mélange avec la colle forte chaude.

On peut encore faire dissoudre par ébullition 10 kilogrammes de colle forte dans 40 kgs d'acétate d'aluminium ; puis on jette dans la solution, en brassant bien pour ne pas se laisser faire des grumeaux, 10 kgs de farine de seigle. Il faut toujours employer à chaud, et, si on a laissé prendre, on additionne d'eau bouillante pour emploi.

Ciment pour fer.

Dans 3 parties de chlorure de chaux, on jette 10 p. de limure de fer ; on dilue un peu avec de l'eau pour obtenir bonne consistance, et l'on applique comme tous les ciments en maintenant les parties en contact. La prise ne se fait guère qu'en une nuit.

Ciment pour fixer une étoffe de coton à un fil métallique.

L'utilité de cette sorte de colle spéciale peut se présenter bien souvent. Voici la recette, qui est fort simple.

On prend une partie de gomme laque en écailles, et on la jette dans un récipient contenant 2 parties d'esprit de bois. On bouche, on laisse le tout dans un endroit tiède, et l'on secoue de temps à autre, jusqu'à obtenir dissolution convenable. Si par hasard une petite évaporation s'était produite, ce qui se manifesterait par un épaississement gênant dans l'emploi, on se contenterait d'ajouter un peu d'alcool au moment de se servir de ce ciment.

Ciment hydrofuge.

Pour préparer un ciment hydrofuge, dont les emplois peuvent être multiples (garnissage des joints des bacs d'aquarium, etc.), se mettre dans une pièce aussi peu éclairée que possible — parce que le bichromate est très sensible à l'action de la lumière solaire — et faire dissoudre, dans 50 parties d'eau par exemple, 10 parties de gélatine blanche, et ce à chaud; puis, dans 50 autres parties d'eau, 2 parties de bichromate de potasse. On mélange les deux solutions, et on enferme dans un récipient qu'on garde à l'obscurité. Pour employer ce ciment, on fait chauffer sur feu doux, et l'on applique sur les points des surfaces qu'on veut cimenter, en exposant alors à une lumière aussi intense que possible, pour opérer rapidement le durcissement du ciment.

Ciment pour métal.

On vend bien partout une colle merveilleuse dont la réclame a vanté les effets et la propriété de coller tout... même le fer ; mais, quoique cette colle de poisson puisse rendre effectivement des services, pour avoir toute confiance quand on veut réunir des surfaces métalliques, il vaut mieux employer un ciment pour métal. En voici une formule : faire chauffer ensemble, jusqu'à obtenir un mélange homogène, 2 parties de litharge, 2 d'huile de lin bouillie, 1 de céruse et enfin 1 de vernis copal. On applique à chaud.

Ciment obturateur pour bouchage des flacons.

Prenez 200 grammes de déchets de caoutchouc comme des vieux bouts de tuyaux, et ajoutez 120 grammes de suif ; vous faites bien fondre à une température relativement basse, et vous additionnez de 200 grammes de talc de Venise. Vous appliquez comme de la cire à bouteilles.

Ciment pour pierre et marbre.

Si pierre et marbre sont de couleur claire, prendre 250 grammes environ de gomme laque en écailles blanchie qu'on fait bien sécher ; et qu'on pulvérise aussi finement que possible ; et l'on fait dissoudre (en secouant de temps à autre) dans un demi-litre d'esprit de bois. Sur les faces des morceaux de pierre ou de marbre à réunir pour la réparation, on passe une première couche de cet enduit, on laisse sécher 5 minutes, et l'on en passe une autre ; si la pierre est très poreuse, il en faut même une troisième. Puis on presse les deux morceaux l'un contre l'autre aussi énergiquement que possible, et on attache pour maintenir le contact jusqu'à dessication complète.

Ciment pour verre, porcelaine et bois.

Faites infuser pendant vingt-quatre heures de la colle de poisson dans de l'eau-de-vie blanche, faites bouillir doucement, remuez le mélange jusqu'à ce qu'il soit bien compact, laissez-le refroidir, passez à travers un linge et bouchez hermétiquement. Une douce chaleur la dissoudra en un liquide incolore. Les porcelaines raccommodés à l'aide de ce ciment se rompraient partout ailleurs, plutôt que dans l'endroit raccommodé.

Pour l'appliquer, frottez les bords des objets à recoller, réunissez-les, et tenez-les serrés pendant deux ou trois minutes.

Ciment.

(V. *Marbres.* — *Mica.* — *Porcelaine.* — *Verre.* — *Vulcanite*).

Cirage brillant pour cuir.

Avec 350 parties de mélasse, une centaine de parties de noir de fumée et 15 p. de noir d'os, on fait une pâte qu'on broie soigneusement. D'autre part on fait chauffer tout doucement 15 p. de gutta percha coupée en petits morceaux ; la préparation se fait sur feu de charbon de terre, et quand cela commence à fondre, on brasse constamment, et l'on ajoute peu à peu 25 p. d'huile de graines de coton, et l'on continue de remuer et de chauffer jusqu'à dissolution complète de la gutta percha. On additionne alors de 5 p. de stéarine, mais en remuant et brassant toujours, et quand cette dernière est fondue elle-même, on ajoute cette mixture tandis qu'elle est chaude à la préparation à la mélasse du début. On doit compléter le cirage par addition, tout en remuant, de 20 parties de gomme du Sénégal dissoutes dans 60 p. d'eau.

Cire des meubles (Passage à la).

Voici une recette qui pourra servir très effectivement pour les meubles ou les petits objets que vous voudrez cirer. Vous mettez au bain-marie fondre une partie de cire blanche, et vous y ajoutez ensuite 8 parties de pétrole (en prenant comme de juste des précautions contre le feu) ; vous avez ainsi une mixture que vous appliquez à chaud, et, quand le pétrole s'est évaporé, il reste une couche mince de cire qui prend un excellent poli et un joli brillant, quand vous le frottez d'un linge de laine.

Cire à modeler.

Voici une formule permettant de préparer soi-même et à peu de frais cette substance plastique que l'on nomme de la cire à modeler. Pour cela, il faut vous procurer de la terre glaise bien sèche et pure, puis la pétrir avec de la glycérine : il importe surtout que cette pâte soit malaxée, travaillée, comme on dit, longuement, afin que la glycérine soit bien incorporée dans la glaise. Si l'on enferme cette pâte dans une feuille de caoutchouc, que, tous les trois ou quatre jours, on la visite pour y entretenir une certaine humidité, on pourra la conserver en bon état pendant un temps presque indéfini.

On peut encore broyer et mélanger très intimement dans

un mortier 6 parties de cire blanche, 1 de saindoux et 1 de craie pulvérisée.

Cirés (Vêtements).

Nos lecteurs connaissent généralement ce qu'on appelle les cirages des marins pêcheurs, vêtements faits de toile, parfois de calicot passé à l'huile de lin, et devenant ainsi imperméables à l'eau. Voici le moyen de traiter le calicot pour obtenir ce résultat. Tout d'abord on doit choisir du calicot fort et non blanchi, qu'on met tremper dans l'eau, et qu'on pend ensuite à l'air pour le faire sécher. On a fait bouillir d'autre part de l'huile de lin, et on y a ajouté un peu de noir de fumée, pour la colorer légèrement. On expose le calicot au soleil, et, quand il est encore chaud de cette exposition aux rayons solaires, on l'étend sur une surface plane, et on y passe une couche mince d'huile au moyen d'un pinceau. On la laisse complètement sécher, puis on applique encore deux autres couches, en ne passant la suivante qu'alors que la précédente est bien et complètement sèche. Si l'on additionnait l'huile d'un peu de sel Saturne, elle sècherait beaucoup plus vite, mais il ne faut pas oublier que ce sel est un poison redoutable. Le séchage du calicot enduit d'huile ne doit se faire qu'à l'ombre et dans un courant d'air, afin qu'il se produise plus rapidement. On peut remplacer le noir de fumée dont nous avons parlé pour colorer l'huile, par un peu de cire d'abeille : environ 30 grammes par un demi-litre d'huile : cela donne une coloration jaune au calicot.

Coaltarage.

(V. *Réservoirs*).

Collage du papier sur des surfaces métalliques polies.

Quand on emploie les colles ordinaires pour essayer de fixer du papier sur des surfaces métalliques polies, on s'aperçoit bien vite que, lorsque la colle est sèche, elle s'écaille en dessous de l'étiquette, du papier, qui se détache bientôt. Or, on peut obtenir un excellent résultat et éviter cet inconvénient, en recourant au mélange suivant comme colle : 400 grammes de dextrine, 20 grammes de sucre de raisin, 10 de sulfate d'alumine, le tout dans 100 grammes d'eau ; on fait chauffer et l'on maintient à une température de 90° durant une demi-heure, puis on applique.

Voici un procédé rapide pour coller une étiquette de papier sur du métal ou une étoffe, en se servant de ces feuilles minces de gutta-percha qu'on trouve maintenant couramment chez les marchands d'objets de caoutchouc. On découpe une feuille de gutta-percha exactement de même grandeur que l'étiquette à fixer, puis on la place sous celle-ci, on pose les deux feuilles sur la surface de métal ou d'étoffe, et l'on chauffe, doucement par exemple, à la flamme d'une lampe à esprit-de-vin ou au moyen d'un fer à repasser. La gutta fond partiellement et forme un excellent ciment.

Colle bon marché.

On râcle 0,5 kg. de pommes de terre brutes bien développées sur un râcloir, et on fait cuire la pulpe ainsi obtenue avec 3 kg. d'eau pure pendant quelques minutes ; on retire du feu, on ajoute peu à peu, en ayant soin d'agiter, 16 g. d'alun en poudre, on bat la masse avec une cuiller en bois jusqu'à ce qu'elle soit complètement claire. Elle est alors prête pour l'emploi.

Colle pour cuir.

Il ne faut pas croire que les colles ordinaires, même les meilleures, suffisent, sans mélange, pour coller le cuir à lui-même. Le mieux est de recourir à une composition faite de 50 parties de colle forte, d'autant de térébenthine et enfin de 100 parties d'amidon délayé dans de l'eau.

Colle pour étoffes.

On prend de l'amidon de froment, que l'on délaie dans de l'eau pure ; on fait cuire cette colle pendant une ou deux minutes ; on l'emploie tiède.

Etant dépourvue de toute acidité, cette colle n'altère aucune couleur, pas même la plus délicate.

Ou encore : prenez 100 parties de colle-forte que vous faites bouillir, et immédiatement vous y ajoutez une partie de térébenthine ; puis vous mettez bouillir le tout durant un quart d'heure, toujours avec des précautions contre les inflammations, et vous appliquez entre le métal ou la pierre et l'étoffe, quand l'enduit est un peu refroidi.

Colle pour fer et verre.

Il ne manque pas de circonstances où l'on a besoin de coller du fer à du verre, ou inversement. Il y a plusieurs moyens pour obtenir ce résultat.

On peut, par exemple, mettre fondre sur le bain-marie 5 parties en poids de résine avec une partie de cire jaune ; quand la fusion est bien opérée, et que le récipient est encore sur le feu, on y verse en brassant constamment 1 partie de rouge de Venise. Il faut du reste continuer à brasser après avoir retiré du feu, et jusqu'à refroidissement, car autrement le rouge de Venise ne demeurerait pas en suspension et se précipiterait au fond du vase. Une composition toute différente, mais qui donne le même résultat, s'obtient en formant une pâte de 2 parties de ciment de Portland, 1 de craie en poudre, et une de sable fin, qu'on additionne d'une quantité suffisante de silicate de soude pour que la pâte se présente à l'état semi-liquide.

Colle forte improvisée.

La gomme arabique fournit une colle fort agréable, de fabrication aisée et rapide ; mais sa puissance adhésive est en somme assez faible, et il ne faut pas songer à lui demander par exemple de coller du bois, du carton, du verre, etc. Voici le moyen de la transformer en vraie colle forte. On fait d'abord une solution concentrée de gomme arabique, en mettant 25 grammes de cette gomme dans un peu moins de 65 grammes d'eau, et à ce mélange on ajoute environ 2 grammes de sulfate d'alumine cristallisé dans 20 grammes d'eau.

On a d'ailleurs indiqué un autre moyen d'augmenter la force adhésive de la gomme arabique, de manière qu'elle puisse servir à coller entre eux le bois, le métal même, la porcelaine, la faïence, etc. On ajoute simplement 2 grammes de sulfate d'alumine dissous dans 20 centimètres cubes d'eau où l'on aura préalablement versé 250 grammes de mucilage gommeux.

Colle forte liquide.

1re Recette.

On verse 50 grammes d'eau tiède sur la même quantité de colle de Cologne (produit que vendent les marchands de couleurs), et on laisse tremper toute la nuit ; la colle gonfle ainsi, et le lendemain on l'a fait chauffer à une chaleur modérée, pour la dissoudre, en y ajoutant un peu d'eau si besoin est, et si la qnantité de liquide mise primitivement était insuffisante. On se procure ensuite 2 à 3 grammes d'acide nitrique (de l'eau-forte qu'on manipule avec précaution en n'oubliant point que c'est un corrosif violent), et on le verse doucement dans la colle en brassant constamment. Il ne reste plus ensuite qu'à mettre la colle en bouteilles, où elle se conservera parfaitement en demeurant liquide.

2e Recette.

Faire dissoudre 4 parties de gélatine dans 4 parties de vinaigre fort, 1 partie d'alcool dénaturé ; y ajouter pour la conservation un peu d'acide salicylique.

3e Recette.

Dans un litre d'eau, l'on brasse environ 300 grammes de dextrine ; et comme celle-ci ne peut pas se dissoudre complètement à froid, on fait chauffer un quart d'heure en brassant, et finalement on additionne de 20 grammes de glycérine, sans que l'ébullition se produise. Si l'on veut que cette colle se conserve, il faut y mettre un peu de borax en poudre ou de l'essence de girofle, ou quelque chose du même genre.

4e Recette.

Vous faites une solution de borax dans de l'eau (les proportions ne sont pas d'une grande importance), puis vous y mettez tremper de la colle-forte de bonne qualité, et cela jusqu'à ce qu'on voie que cette colle est bien imbibée d'eau ; alors vous jetez l'excès de liquide qui peut être demeuré à l'état libre, et vous mettez la colle fondre au bain-marie. Vous laissez ensuite refroidir, et au moment où cette colle est sur le point de prendre, vous ajoutez goutte à goutte, et en remuant constamment, assez d'acide acétique pour empêcher cette solidification de se produire. Si, après refroidissement, la colle semble encore vouloir prendre, ajoutez quelques gouttes de plus d'acide acétique. La consistance qu'il faut obtenir et que vous connaissez bien, est celle de toutes les colles liquides.

Colle inaltérable.

Si vous voulez posséder une colle inaltérable, vous n'avez qu'à prendre un demi-litre d'eau dont vous employez une faible partie à faire gonfler de la gélatine, simplement 5 grammes ; de même, vous préparez une pâte d'eau et d'arrow-root. Vous mélangez le tout en ajoutant ce qui reste d'eau, vous faites bouillir en remuant constamment, et enfin vous additionnez d'une solution de 1 gramme d'acide phénique dans 50 d'alcool.

Colle inviolable.

On sait que les enveloppes les mieux collées avec les gommes et les colles ordinaires, se décollent parfaitement quand on les expose suffisamment au-dessus de la vapeur d'eau chaude ; mais voici la formule d'une colle inviolable qui n'a pas cet inconvénient.

En réalité, il faut deux solutions. L'une sera appliquée sur la partie principale de l'enveloppe, et l'autre sur la patte retombante. La première se compose de 2 1/2 parties d'acide chromique, 15 parties d'ammoniaque concentrée, 1/2 d'acide sulfurique, 30 d'une solution de cuivre ammoniacal et 4 de papier blanc fin ; la seconde est simplement faite de 1 partie d'acide acétique et de 7 d'eau, avec assez de verre soluble pour former un mucilage épais. Quand les deux solutions ont été étendues, et qu'on a mis en contact et maintenu un certain temps les deux surfaces de papier qui en sont enduites, l'union est indissoluble et résiste à l'eau chaude ou froide, à l'alcool, aux acides, par suite de la combinaison du verre soluble avec l'acide chromique.

Colle à papier.

1re Recette.

La colle à papier a le défaut de ne pas assurer une adhérence parfaite quand elle est exposée à l'humidité.

Pour lui permettre de fixer solidement le papier au bois ou même aux maçonneries, il suffit de l'additionner d'un bon vernis à l'huile de lin, ainsi que de térébenthine, dans la proportion de 8 grammes 1/2 de chaque substance par 500 grammes de colle.

2e Recette.

Une publication américaine signale une excellente colle pour papier. On prépare d'abord 75 parties de colle forte blanche, qu'on met tremper toute la nuit dans un récipient où elle est complètement recouverte d'eau : cette colle forte, le lendemain matin, on la sort de l'eau et on l'égoutte de façon à en enlever tout le liquide en excès. On la fait fondre ensuite au bain-marie, puis on la laisse sur le feu, et on y ajoute 25 parties de glycérine et 5 parties seulement de sucre : on complète le mélange par addition de 10 parties d'huile de lin, mais en brassant constamment, et en procédant graduellement. On retire du feu quand la mixture est parfaitement homogène.

3e Recette.

Faites tremper pendant dix à douze heures, 200 parties de gélatine dans de l'eau froide, de manière que celle-ci recouvre complètement la gélatine. Jetez ensuite l'eau non absorbée, placez la gélatine sur un tamis, et débarrassez-la de tout le liquide qu'elle pourra rendre ; puis faites-la fondre au bain-marie. Vous y ajoutez ensuite 50 parties de glycérine, 10 parties de glucose sirupeuse ; vous brassez et mélangez bien intimement, vous dissolvez 1 partie de tanin dans le moins d'eau possible, que vous ajoutez à la première préparation, et vous employez cette colle à chaud.

4e Recette.

Il faut certaines colles spéciales pour coller le papier au verre de manière qu'il y adhère solidement, en dépit de l'humidité de l'atmosphère et d'autres causes. On peut obtenir une colle répondant bien à cet usage, en faisant dissoudre 4 parties de bonne gomme arabique dans 20 parties d'eau, puis en dissolvant 1 partie de gomme adragante en poudre dans 12 parties d'eau ; on mélange les 2 liquides mucilagineux, et on ajoute ensuite dans le tout 2 à 3 parties de glycérine. Il faut bien brasser en versant cette glycérine, et n'employer que de l'eau distillée.

Colle de relieurs.

1re Recette.

C'est dire qu'elle sert au papier, au cuir, en assurant une excellente adhérence. Dans de l'eau, on délaye 50 grammes d'amidon, d'autre part on fait dissoudre de même façon de la colle forte (50 grammes) ; dans cette dernière dissolution on verse 40 grammes de thérébentine ordinaire, et l'on mêle le tout à la première préparation. On fait chauffer le tout au bain-marie, et l'on retire quand la dissolution et le mélange sont parfaits, en laissant au besoin plus longtemps pour faire évaporer l'eau, si la quantité en est trop forte.

2e Recette.

Dans un quart de litre d'eau, faire dissoudre 30 grammes environ d'amidon de riz et 12 grammes de gélatine ; on chauffe ensuite en remuant jusqu'à obtenir un mélange épais et un peu transparent. Puis on additionne de quelques gouttes de girofle (essence de girofle) pour assurer la conservation.

Colle résistant à l'eau.

Voici la formule, un peu compliquée malheureusement, d'une colle résistant parfaitement à l'eau froide, et ne se dissolvant que bien lentement, même à l'eau chaude : ce qui est précieux.

On commence par faire fondre, dans un décilitre d'alcool rectifié, 6 grammes de sandaraque et autant de gomme mastique, puis on ajoute à la dissolution 6 grammes également d'essence de térébenthine blanche ; d'autre part, on chauffe, jusqu'à la faire presque bouillir, une solution de gélatine et de colle de poisson (l'une et l'autre prises par quantités égales). On verse cette dissolution chaude dans le premier liquide préparé, jusqu'à ce qu'on obtienne une sorte de pâte fluide. C'est ce mélange qui constitue la colle résistant à l'eau, et qu'on applique à chaud.

Colle de riz.

La colle de riz a l'avantage d'être fort blanche et surtout extrêmement adhésive ; pour la préparer, il faut composer une pâte avec de la farine de riz et de l'eau froide, et faire ensuite bouillir doucement sur feu peu ardent, jusqu'à épaississement convenable.

Colle à tout faire.

Colle très résistante pour cuir, bois, papier, faisant adhérer métal et bois par exemple : on la compose de colle forte ordinaire qu'on additionne d'un peu de glycérine.

Colle pour le verre.

Voici la formule d'une colle pour verre, d'un ciment qui a la propriété précieuse de ne pas craindre l'eau. On le compose en mélangeant, en quantité convenable pour faire une pâte assez épaisse, une solution saturée de caoutchouc blanc dans du chloroforme, et une solution concentrée de verre soluble.

Colles.

(V. *Etiquettes.* — *Porcelaine*).

Coller (Crayons à).

Ces crayons seront formés avec une pâte composée de :

Dextrine	28
Eau	32
Colle	54
Blanc de zinc	4
Glucose.	160

On moule la pâte préparée au bain-marie, dans des moules cylindriques convenables.

Coloration des dessins.

Voici quelques indications pour la composition de certaines couleurs en peinture, destinées à colorier des dessins, des lavis, etc.

Pour obtenir le vert bouteille par exemple, on mélange du rose de Hollande et du bleu de Prusse pour faire un fond, et l'on passe par-dessus un glacis de laque jaune. Pour la couleur brique, il faut 2 parties de jaune d'ocre, 1 de rouge et 1 de blanc ; pour le vert bronze, 5 de vert de chrome, 1 de noir et 1 de terre d'ombre ; pour le jaune serin, trois parties de blanc et autant de jaune citron ; pour le rouge des carnations, trois de laque carminée et 1 de blanc. On compose la nuance du noyer avec 2 parties de rouge, 1 de noir, et 2 de jaune de chrome ; pour la couleur chocolat, on ajoute de la laque et du carmin à de la terre d'ombre brûlée, et l'on additionne de suffisamment de jaune. La coloration du citron est obtenue avec 3 parties de rouge, 2 de jaune et 1 de bleu ; du carmin et du bleu donnent la couleur du bordeaux ; 1 partie de rouge, 2 de jaune et 1 de noir donnent celle du cuivre. Avec 5 parties de blanc, 2 de jaune et 1 de rouge, on fera du crème. Désirez-vous la couleur chevreuil, mélangez 8 parties de blanc, 1 de rouge et 1 de terre d'ombre avec 2 de jaune. Pour la couleur chair, le mieux est 8 parties de blanc, 3 de de rouge, et autant de jaune de chrome. L'or se fait avec du blanc et du jaune ombrés de rouge et de bleu, le vert de l'herbe avec 3 parties de jaune et 1 de bleu de Prusse ; le jaune jonquille avec du blanc de bismuth et du jaune de chrome additionnés de carmin ou de vermillon. Pour le plomb, prenez 8 parties de blanc, 1 de bleu, et 1 de noir : pour la coloration marron, 3 parties de carmin et deux de jaune ; pour le chêne, 5 de blanc, 2 de jauneet 1 de rouge ;

pour l'olive, 8 de janne, 1 de bleu et 1 également de noir. La fleur de pêcher se fait avec 8 de blanc, 1 de rouge, 1 de bleu et autant de jaune ; la couleur de la prune avec 2 de blanc, 1 de bleu et 1 de rouge. On obtient la coloration de la pierre avec 5 parties de blanc, 2 de jaune, 1 de terre d'ombre brûlée ; celle de la paille avec cinq de jaune, 1 de rouge et 2 de blanc.

Congélation de l'eau (contre la).

On sait que pour empêcher l'eau de se congeler aux environs de zéro, il suffit de la saler. Mais il peut y avoir des cas où l'on ait besoin d'avoir à sa disposition un liquide incongelable dans de larges limites, pour empêcher l'eau des compteurs à gaz de geler, ou l'eau d'un réservoir exposé aux grands froids. Voilà un petit tableau qui permettra d'empêcher l'eau de se solidifier, même si elle était exposée à 30 degrés au-dessous de zéro. Il suffit de la mélanger à de la glycérine :

Eau	Glycérine	Points de solidification
90.	10	—1°58
64.	36	—12°50
54.	46	—14°65
42.	58	—29°72
36.	70	—33°07

Les essences de pétrole reculent aussi le point de congélation. Elles ne gèlent point, même à 200 degrés au-dessous de zéro.

Copier (Crayons à).

Dans une solution savonneuse représentant par exemple un poids de 6 kgs, faire dissoudre 2 kgs de créosote ponceau, et additionner de 40 grammes de gomme adraganthe en poudre et autant d'albumine dissoute dans 120 grammes d'eau ; on jette ensuite dans la masse en brassant 4 kgs de cinabre, ou vermillon, et enfin on fait évaporer au bain-marie en secouant et à une température de 60° environ. La pâte est ensuite moulée en crayons.

Corne (Noircissement de la).

On fait un mélange de 5 parties de chaux éteinte et de 2 de litharge avec addition d'un peu de soude caustique en solution faible. On en enduit la corne, et on laisse en contact jusqu'à obtention de la teinte voulue, dont on doit suivre la formation peu à peu en découvrant un peu de l'enduit. On lave finalement à l'eau pure.

Corne (Repolissage de la).

Pour repolir des objets de corne qui ont perdu leur brillant, grattez d'abord légèrement la surface avec l'angle d'un morceau de verre, de façon à faire disparaître toutes les aspérités qui auraient pu se produire ; passez ensuite du papier de verre aussi fin que vous en pourrez trouver, puis un mélange de brique pilée finement et d'huile, et achevez enfin le travail au moyen d'un chiffon de flanelle enduit de « terre pourrie ».

Coton de la laine (Pour distinguer le).

On peut avoir intérêt à distinguer le coton de la laine dans un tissu ; voici pour cela une recette bien simple. On mouille avec de l'acide azotique ordinaire l'étoffe qu'on suppose contenir du coton et qui a été vendue comme *pure laine* ; on l'étend sur une soucoupe et on attend sept à huit minutes. On place la soucoupe au soleil si l'on est en été, ou sur le marbre d'un poêle, à une chaleur modérée, si l'on est en hiver. Au bout de ce temps, tous les filaments de laine seront colorés en jaune et ceux de coton seront demeurés blancs. Il faudra laver et bien sécher le tissu, si l'on veut, ce qui est facile en s'aidant d'une loupe, compter respectivement les fils de laine ou de coton. Le tissu serait teint, qu'il suffirait de faire agir plus longtemps l'acide azotique, car cela dissoudrait la matière colorante.

Coton.

(V. *Imperméabilisation*).

Courroies (Colle pour).

A de la colle forte ordinaire, il suffit d'ajouter quelque 3 grammes de bichromate de potasse et autant de glycérine, par 100 grammes de colle forte dissoute dans l'eau.

Dans les ateliers dont l'atmosphère est humide, les puits d'extraction, on éprouve de grandes difficultés à réunir et à rassembler les courroies de cuir employées dans les transmissions de mouvement, parce que l'humidité ôte aux formules de colles usitées leurs qualités. Voici, pour ce cas particulier, une formule. On prend un demi-litre de colle forte, auquel on ajoute trois fortes cuillerées d'huile de lin cuite ; on chauffe en agitant pendant douze heures et en remplaçant l'eau qui s'évapore, de façon à maintenir la même consistance ; finalement, on ajoute une cuillerée de blanc de Meudon, on mélange bien intimement, et l'on est en possession d'une colle capable de braver les intempéries et les vapeurs les plus délayantes.

Courroies (protection des).

On nous saura peut-être gré de donner une recette pour protéger les courroies de l'humidité, en leur laissant leur souplesse. Faites fondre quatre parties de graisse de bœuf, une de caoutchouc et deux d'huile de lin ; vous ajoutez au tout une quantité suffisante de vernis gras pour obtenir un enduit liquide, que vous appliquez sur les courroies.

Courroies.

(V. *Lubrifiants*).

Coussinets pour essieux (Métal de).

On peut le composer de 82 parties de cuivre, et de 18 de zinc, ou encore de 84 et de 16 parties respectivement. On obtient un métal plus onctueux avec 75 p. de cuivre, 2 de zinc et 20 d'étain.

Couteaux.

(V. *Manches*).

Crême à nettoyer la carrosserie et les cuirs des automobiles.

Cette crême peut servir tout aussi bien pour les sièges en cuir ou en imitation de cuir que pour les panneaux de bois, et aussi pour les meubles. On prend d'abord 2.500 parties de cire blanche, puis 4.500 p. d'eau distillée, 25 p. de carbonate de potassium, et enfin 4.000 p. d'huile de térébenthine. Dans seulement 1.500 p. d'eau on fait bouillir la cire, après addition du carbonate, afin d'obtenir la saponification ; on ajoute l'eau nécessaire pour compenser celle qui s'est évaporée, puis on brasse jusqu'à refroidissement, et, en agitant continuellement, on verse peu à peu l'huile de térébenthine, en continuant de brasser jusqu'à ce qu'une émulsion parfaite soit réalisée. Alors on verse le reste de l'eau en une seule fois et l'on brasse encore, en parfumant au besoin avec un peu d'essence de lavande. Cette crême s'emploie sur un chiffon doux où l'on en met une petite quantité qu'on promène partout ; on frotte ensuite pour donner le brillant avec un morceau d'étoffe de laine.

Crevasses des mains.

On s'applique matin et soir une pommade composée de 30 grammes de lanoline, 10 d'huile d'olive, 20 de salol, et 1 gramme seulement de menthol.

Cuir (Imperméabilisation du).

On peut se contenter de tremper le cuir dans une dissolution de savon dans de l'eau, dans la proportion de 50 grammes de savon environ par litre d'eau ; ou encore enduire le cuir d'huile de lin dans laquelle on a fait fondre de la paraffine en aussi grande quantité que possible.

Cuir (Renoircissement des objets en).

Si vous voulez renoircir un objet de cuir, trempez dans de l'encre noire un linge mou, et frottez-le sur toute la surface du cuir ; puis vous passez par-dessus et légèrement un autre linge propre que vous aurez mouillé d'huile d'olive. Laissez sécher.

Cuir.

(V. *Blanchiment.* — *Ciment.* — *Cirage.* — *Colles.* — *Crême.* — *Imperméabilisation.* — *Noir.* — *Vernis*).

Cuivrage (Bain de).

Il s'agit de cuivrage électrique. On compose le bain de 50 grammes d'acétate de cuivre, 25 de chlorure de zinc sec, 250 de sulfite de soude cristallisé, 35 de carbonate d'ammonium, 110 de cyanure de potassium, et tout cela dans 3 litres d'eau.

Cuivrage léger des objets en fer.

On recommande, pour recouvrir les objets en fer d'une légère pellicule de cuivre, leur formant un revêtement bleu foncé qui les protégera de la rouille tout en leur donnant jolie apparence, de les bien nettoyer, puis de les suspendre durant quelques minutes dans une solution de vitriol bleu, substance qu'il faut manipuler avec précaution. On complète le traitement en rinçant dans l'eau les objets, puis en les secouant un instant dans une solution d'hyposulfite de soude légèrement acidulée avec quelques gouttes d'acide chlorhydrique.

Cuivre doré (Nettoyage du).

Pour nettoyer le cuivre doré, mêlez ensemble : 50 grammes d'alcool, 125 grammes d'eau, 7 grammes de soude et

15 grammes de blanc d'Espagne finement pulvérisé. Au moyen d'un tampon de linge, appliquez une légère couche de ce mélange sur l'objet à nettoyer ; lorsque cette couche est séchée, frottez avec un chiffon bien sec sur les parties unies, et avec une brosse sur les parties creuses.

Cuivre (Pour entretenir le brillant du).

Pour entretenir le brillant des objets de cuivre, il suffit de passer à leur surface un citron coupé en deux, en frottant dans tous les creux du métal. On lave ensuite à l'eau tiède bien propre et on sèche à la peau de chamois.

Pour le mettre à l'abri des causes et des agents qui le ternissent, on passe à sa surface une bonne couche de vernis copal.

Cuivre (Laquage sur).

Si vous voulez passer un laquage sur les objets de cuivre, préparez d'abord la composition, le vernis, avec 24 grammes de gomme-laque en écailles, 6 grammes de sandaraque, autant d'annatto, un peu moins d'un gramme de résine sang-dragon, dans un demi-litre d'esprit-de-vin. Vous chauffez d'abord l'objet en cuivre, puis vous y appliquez le vernis avec un pinceau en poils de chameau.

Cuivre (Mise à neuf du).

En versant et en frottant, au moyen d'une brosse dure, de l'ammoniaque fort sur des objets en vieux cuivre, on peut leur rendre l'éclat du neuf. Il faut rincer à l'eau pure après ce nettoyage.

Cuivre vernis ou terni (Nettoyage et revernissage du).

Commencer par faire bouillir l'objet de cuivre (démonté si cela est nécessaire) dans une lessive forte, composée de 100 à 110 grammes de soude caustique ou de potasse par litre d'eau. Quand le vernis est enlevé, polir le cuivre à la brique et au blanc d'Espagne, puis passer un vernis incolore (au besoin au celluloïde)

On peut aussi frotter les objets en cuivre poli avec le mélange suivant : 4 parties de charbon de bois finement pulvérisé, 3 d'esprit-de-vin et 2 d'essence de térébenthine ; enfin on additionne d'eau dans laquelle on a brassé et fait dissoudre le tiers de son poids de sel d'oseille.

Ou encore frotter d'abord avec de la brique pilée fine, mélangée de paraffine et formant ainsi un pâte, puis avec de la brique sèche et un morceau de cuir mou. On enduit ensuite d'un peu de vaseline, qui protège le métal du contact de cuir.

Quand on veut employer le sel d'oseille pour nettoyer les cuivres ternis, on doit rincer les objets à l'eau dès que le sel d'oseille a fait son œuvre ; on frotte ensuite avec une peau de chamois et un peu de blanc d'Espagne.

Cuivre.

(V. *Bronzage*. — *Noircissement*. — *Patine*).

D

Débouchage des flacons de verre.

Nouvelle formule pour le débouchage des flacons de verre dans le goulot desquels un bouchon s'obstine à demeurer. La voici :

Avec une plume, mettez une goutte ou deux d'huile autour du bouchon, tout contre l'ouverture du flacon ; vous le placez ensuite devant le feu à une distance de cinquante centimètres environ ; la chaleur fera que l'huile s'insinuera d'elle-même entre le bouchon et le col du flacon. Lorsque celui-ci est chaud, frappez doucement le bouchon d'un côté puis de l'autre, avec un petit morceau de bois. Puis essayez d'enlever avec la main ; si le bouchon ne bouge pas encore, remettez de nouveau le flacon devant le feu, en ajoutant une autre goutte d'huile. Après un peu de temps, frappez comme la première fois. Quelque difficile à retirer que soit le bouchon, vous devez, avec de la persévérance, réussir par ce procédé.

Ou encore on fait couler un peu de glycérine dans le goulot, ou plus exactement à l'entrée du goulot de la bouteille, entre le bord de ce goulot et la base du bouchon ; puis on laisse la bouteille un certain temps dans un endroit tiède : la glycérine s'infiltre peu à peu et forme un lubrifiant, qui supprime l'adhérenee des deux parois de verre meulées à l'émeri.

Décalquer (Fabrication de papier à).

Voulez-vous fabriquer vous-même du papier noir à décalquer ? Cela peut être utile quand on se trouve dans une région où les marchands ne détiennent point de ce papier.

On prend simplement une feuille de papier non collée, et on l'enduit d'une mixture formée de savon noir mou et de noir d'ivoire pris en parties égales ; on laisse sécher à l'air, et le papier est prêt.

Dentelles d'or ternies (Pour rendre le brillant aux).

Les dentelles d'or ternies peuvent reprendre leur brillant et se nettoyer complètement, quand on les frotte avec des cristaux d'ammoniaque pulvérisés ; on peut étendre aussi un peu d'esprit-de-vin sur les endroits plus spécialement ternis.

Dessins à l'encre de Chine (Protection des).

On recourt pour cela à une sorte de vernis, en prenant du collodion des photographes que l'on additionne d'un cinquantième de stéarine. On pose le dessin sur une plaque de verre, et l'on verse par-dessus l'enduit en étendant, cela en penchant plus ou moins la plaque de côté et d'autre. On fait écouler tout ce qui est en excès.

Dessin imprimé (Transport sur verre d'un).

Pour des besoins de décoration ou pour d'autres raisons, on peut être désireux de transporter sur verre un dessin imprimé, ou quelque autre impression. Pour cela, on étend d'abord sur la plaque de verre une couche mince d'un enduit formé de vernis Dammar ou de baume du Canada, dissous dans un poids égal de térébenthine. On laisse sécher pendant une journée ou une demi-journée, jusqu'à ce que cet enduit devienne visqueux. On fait alors tremper un certain temps dans de l'eau la feuille imprimée contenant le texte ou le dessin qu'on veut transporter sur le verre, puis on l'applique sur la surface de verre enduite, en étendant bien et en chassant toutes les bulles d'air qui pourraient se trouver prises entre le verre et le papier. On sèche ensuite complètement et fort soigneusement avec du papier buvard ; et, quand le papier est sec, on le frotte doucement dans toutes ses parties avec les doigts mouillés, de manière à détacher peu à peu par ce frottement les particules de papier, en s'arrêtant quand on ne voit plus rester que les traits imprimés à la surface du vernis maintenant parfaitement sec. L'opération demande seulement un peu de soin ; mais elle donne d'excellents résultats, et permet de fabriquer notamment des espèces de vitraux qui ont assez bon aspect.

Dessins.

(V. *Coloration*).

Diamants faux (Moyen de reconnaître les).

Un crayon d'aluminium laisse des traces sur le diamant faux, mais ne raye pas le diamant vrai. Cette réaction est basée sur les procédés de décoration du verre par le procédé Margat.

Doré (Pour reconnaître si un objet est).

On donne souvent comme dorés des bronzes, des cuivres

recouverts d'un vernis. Tremper une baguette de verre dans une dissolution de bichlorure de cuivre, et s'il se fait une tache brune, c'est qu'il n'y a pas d'or sur le métal.

Dorure du bois.

Voici le procédé pour appliquer la dorure sur le bois. Prenez de l'huile grasse de lin ; additionnez de camphre, dans la proportion de 10 grammes pour 300 grammes d'huile ; aussitôt que le camphre sera dissous, ajoutez de la céruse en poudre, et faites réduire l'huile sur le feu, de manière cependant à lui conserver la fluidité nécessaire. Vous aurez ainsi la « mixtion à dorer ».

Les surfaces de bois à soumettre à la dorure sont nettoyées et préparées pour recevoir cette mixtion ; on les en recouvre avec un pinceau. Avant que l'enduit soit sec, on applique dessus à plat des feuilles d'or, tirées de ces livrets que les batteurs d'or confectionnent et que vendent les marchands de couleurs. Chaque feuille posée, on la brosse avec un pinceau de poils de putois, pour la bien étendre partout également, et rendre son adhérence parfaite.

Dorures des cadres contre les mouches (Protection des).

Pour empêcher les mouches de salir les dorures des cadres, des glaces, en y laissant des traces regrettables de leur passage, on se trouve bien de passer légèrement sur les dorures à protéger un chiffon enduit de paraffine. Il va de soi que la couche doit être fort mince, afin de ne pas s'accuser à l'œil et donner de la matité.

On peut aussi recourir au procédé suivant : étendre, au moyen d'une brosse très douce, sur les dorures, pendules, etc., un liquide fait de 1/2 litre d'eau où l'on a mis bouillir une demi-douzaine d'oignons.

Dorure du fer-blanc.

Si vous voulez dorer des objets en fer-blanc, suivez la recette indiquée par un journal allemand. On triture avec de l'essence de térébenthine une partie d'acétate de cuivre cristallisé et bien sec; on fait chauffer à 70 degrés, en prenant garde au feu, et l'on y ajoute, en agitant constamment, 3 parties de vernis copal. Il faut laisser le mélange se faire pendant quelques jours, puis on applique au pinceau.

Dorures (Nettoyage des).

Pour nettoyer la dorure : Alun, 32 grammes; sel commun, 32 grammes; nitre pulvérisé, 64 grammes; eau distillée, 128 grammes. Appliquez avec une brosse douce.

Dorure sans or.

Pour obtenir une dorure inattaquable aux corrosifs, inoxydable, il est nécessaire d'argenter préalablement les objets par les procédés galvanoplastiques ordinaires.

Une fois recouverts d'une mince couche d'argent, les objets à dorer sont placés dans un bain composé de 3 kilogrammes d'eau distillée, 30 grammes d'hyposulfite de soude et 10 grammes de sel de saturne.

Ce dernier sel est d'abord dissous à part, dans l'eau, puis sa solution saturée est ajoutée à celle d'hyposulfite. La température du bain ayant été portée à 60-75° environ, on y plonge les objets. Il est nécessaire de surveiller attentivement la marche de l'opération; en deux ou trois minutes, en effet, les objets acquièrent la teinte voulue. On les retire aussitôt du bain, puis on les lave rapidement à grande eau, pour arrêter l'action du mélange ; enfin, on les sèche soigneusement dans la sciure de bois.

Les objets dorés par ce procédé, étant inoxydables, peuvent être polis comme à l'ordinaire.

Durcissement.

(V. *Plâtre*).

E

Ebène (Imitation du bois d').

Voici une recette pour donner l'aspect de l'ébène aux bois que vous traitez.

Pour cela, bien entendu, il ne faut employer que des bois durs, serrés et à grain fin, qui puissent ainsi tromper aisément l'œil. Pour fournir au bois la teinte noire durable, vous commencez par y passer une couche de dissolution de camphre, puis une couche de solution de noix de galle et de sulfate de fer : tout ceci, vous pouvez vous le faire préparer par un marchand de produits chimiques. Quand le double enduit est bien sec, vous frottez la surface du bois avec une brosse bien dure, par exemple en chiendent, puis avec du charbon de bois léger et friable comme du fusain, et réduit soigneusement en une poudre, où il ne se retrouve aucun grain susceptible de rayer le bois. On applique ce charbon à l'aide d'un tampon d'étoffe ou même d'un morceau de bois tendre. Lorsque vous avez passé une couche de charbon, vous frottez à nouveau le bois avec un tampon imbibé d'huile de lin et d'essence de térébenthine, et vous recommencez plusieurs fois de la même façon, jusqu'à obtenir l'apparence désirée.

Ebonite au métal (Pour coller l').

On commence par faire tremper de la colle de Cologne, puis on soumet à ébullition jusqu'à ce qu'elle épaississe ; alors on lui ajoute des cendres bien propres, et l'on brasse de façon à obtenir une pâte homogène. C'est cette pâte qui va servir de colle, mais à condition qu'on l'emploie à chaud, et qu'on maintienne l'adhérence de l'ébonite au métal par des liens ou autrement, jusqu'à ce que la colle ait bien séché.

Ecriture (Revivification de l').

Lors même qu'on ne se livre pas à des recherches bibliographiques sur de vieux manuscrits, on peut avoir l'occasion de désirer posséder un moyen pour faire reparaître de l'encre effacée, pour revivifier une écriture quelconque. Pour cela, la recette recommandée consiste à passer sur l'écriture un pinceau fin légèrement imbibé d'hydrosulfure d'ammoniaque. C'est en somme la méthode couramment usitée dans les bibliothèques, mais généralement inconnue du vulgaire.

Ecume de mer (Imitation de l').

On prend du gypse auquel on a donné la forme que l'on désire, et qu'on a additionné d'un peu de gomme gutte ; puis on le frotte avec une dissolution de paraffine dans du pétrole épuré. Il faut bien polir ensuite, pour donner le luisant de l'écume véritable.

Ecume de mer (Réparation de l').

Pilez de l'ail jusqu'à en faire une pâte ; enduisez de cette pâte les morceaux qu'il s'agit de recoller, attachez bien pour maintenir en place, puis faites bouillir une demie-heure dans du lait.

Ou encore un mélange de verre soluble (ou silicate de soude) avec un peu de craie en poudre, et un colorant si besoin est.

Emaillage des menus objets en métal.

Pour les travaux de laboratoire, en physique et en chimie, on a souvent besoin de recouvrir de petits objets métalliques d'une couche d'émail, sans recourir aux grands procédés industriels connus et préconisés. La même précaution est utile, afin d'isoler électriquement certains objets, notamment les pieds et supports d'appareils, au cours des recherches électriqnes.

Voici un procédé qui permet de faire soi-même, avec simplicité et économie, cette opération :

On décape soigneusement, tout d'abord, les objets en question au papier d'émeri, puis on les humecte légèrement et on les plonge dans un mélange en poudre fine de :

Cristal pulvérisé	2	parties
Oxyde d'étain	1	—
Borax.	1	—

L'humidité fait adhérer à l'objet une couche de poudre fine et uniforme : il suffit, dès lors, de la fondre au dard du chalumeau, pour la fixer à la surface et former un enduit analogue à une couche de vernis, à la fois isolant et très solide.

Emaillée (Enlèvement de la peinture).

Telle qu'elle se présente principalement sur les châssis de cycles. On amolit l'émail à la lampe à souder, au chalumeau, en procédant par places successives, et on brosse avec une brosse métallique de braseur pour enlever l'émail ; on frotte et polit ensuite à l'émeri.

Empreintes (Amalgame pour).

On prend un amalgame de cuivre contenant de 30 à 45 o/o de cuivre, on le rend plastique, du moins on en fait une masse plastique en le chauffant et en le pulvérisant. Dans cet état, on peut l'employer à prendre des empreintes délicates sous pression suffisante ; il reprend ensuite toute sa dureté, et l'empreinte peut servir à la galvanoplastie.

Encre blanche.

Bien que le papier noir ne soit pas d'un usage précisément courant, il est des circonstances assez nombreuses où l'on voudrait posséder une encre très claire, pour faire des inscriptions sur un fond très foncé ; et, à ce titre, une formule d'encre blanche peut être utile. Pour en fabriquer, il suffit de prendre une partie de miel et deux parties d'alun ammoniacal ; on mélange bien le tout, et l'on fait cuire et même calciner dans un plat. Cela donne un résidu blanc qu'on laisse refroidir, qu'on lave, et enfin que l'on dissout avec une quantité suffisante d'eau dans laquelle on a mis fondre de la gomme.

Encre bleue indélébile.

Dans 36 parties d'eau pure, on fait dissoudre par ébullition, dans un récipient bien fermé, 4 p. de gomme laque en écailles et deux p. de borax ; on a fait d'autre part dissoudre, dans 4 p. d'eau, 2 p. de gomme arabique, et l'on mêle les deux solutions après filtrage de la première. On fait chauffer 5 minutes en remuant de temps à autre, et l'on ajoute encore un peu d'indigo, quand le tout est refroidi ; d'ailleurs il faut décanter, pour débarrasser l'encre des matières qui se sont déposées.

2ᵉ Recette.

Faire dissoudre 1 partie de nitrate d'argent cristallisé dans 3 d'ammoniaque liquide ; de même, dissoudre 1 partie de carbonate de soude cristallisé, 1 1/2 de gomme arabique cristallisée et un peu plus de 1\3 de sulfate de cuivre, dans 4 parties d'eau distillée. Il ne reste plus ensuite qu'à mélanger les deux solutions.

Encre carminée durable.

Elle n'est pas susceptible de noircir par contact avec l'acier, comme cela se produit pour les encres à l'ammoniaque. On triture 1 gramme de carmin pur avec 15gr. d'une solution d'acétate d'ammonium, et avec une quantité égale d'eau distillée, et cela dans un mortier en porcelaine. On laisse alors reposer un certain temps, puis on filtre pour enlever le précipité, qui enlève l'alumine ; on additionne de quelques gouttes d'un sirop de sucre bien blanc et pur, et l'encre est faite sans gomme arabique, dont un élément se coagulerait.

Encre à copier.

La composition que nous allons donner permet d'obtenir une encre à copier, qui a une puissance copiante assez grande pour qu'on n'ait pas besoin de soumettre à une forte pression les textes dont on veut prendre copie, et qu'il ne soit pas utile par conséquent de posséder une presse : dans 30 grammes de glycérine, on fait dissoudre 80 centigrammes de bleu d'aniline, puis 45 centigrammes d'alun, et l'on ajoute au tout assez d'eau pour faire un poids total de 120 grammes.

2e Recette.

Faire macérer dans un litre d'eau, durant deux semaines environ, 150 grammes de noix de galle broyées, 50 de gomme arabique, et 50 également de sulfate de fer, en additionnant le tout de 1/9 environ de litre de vinaigre. On secoura souvent pour aider à la macération.

Encre couleur d'or.

Dans un litre d'eau, on fait dissoudre 35 grammes de dextrine, puis 10 grammes d'or orange, et l'on additionne finalement de 20 centigrammes d'acide citrique.

Encre pour écrire sur le métal poli.

Cette encre se prépare au moment même où l'on veut l'employer. Dans 150 parties d'alcool, on fait dissoudre 20 p. de résine, et l'on additionne 1 p. de bleu de méthylène, ce qui suppose naturellement qu'on aura une encre bleue, dont les traces se voient fort bien sur le métal poli. D'autre part on a préparé une dissolution de 35 p. de borax dans 250 p. d'eau, et c'est le mélange qui donne l'encre voulue.

Encre pour écrire sur le verre.

Cette encre ne donne un résultat visible qu'au bout d'une demi-heure, par suite de l'attaque du verre par les ingrédients qui la composent. Dans 500 grammes d'eau, on fait dissoudre 36 gr. de fluorure de sodium, et de plus 7 gr. de sulfate de potassium. A cette solution, on mélange par partie égale une autre solution faite de 14 gr. de zinc et 65 gr. d'acide chlorhydrique dans 500 grammes d'eau. On peut écrire sur le verre avec ce composé au moyen d'une plume aussi bien que d'un pinceau.

2e Formule.

Faisons remarquer qu'elle contient un produit vénéneux, le sulfate de baryte, qu'il faut manipuler avec précaution. On fait d'abord une solution à 10 pour 100 de gomme arabique dans de l'eau, puis on en prend 10 parties ; on y ajoute 20 parties de sulfate de baryte, la même quantité de ce qu'on nomme souvent du verre soluble, ou silicate de soude, puis enfin 5 parties d'eau distillée. Cela donne une encre blanche. On peut en faire de la noire en mélangeant une ou deux parties de silicate de soude avec une partie d'encre de Chine liquide (qui contient de la gomme, de l'eau, et le colorant voulu).

3e Formule.

Il y a plusieurs procédés qui permettent d'écrire directement sur le verre, et d'une façon indélébile.

On prépare ou on se fait préparer chez un marchand de produits chimiques une solution contenant 30 grammes de fluorure de sodium et 7 grammes de sulfate de potasse dans 500 grammes d'eau ; puis une seconde solution, formée de 14 grammes de chlorure de zinc et de 65 grammes d'acide chlorhydrique dans un litre d'eau également ; si l'on ne veut employer qu'une faible quantité de substance à graver, on réduit en conséquence et proportionnellement ces divers constituants. Au moment d'écrire les indications, on mélange les deux solutions par parties égales, on écrit sur le verre avec un pinceau ou une plume d'oie, puis on laisse sécher une demie-heure, et on lave à l'eau ordinaire.

Encre pour écrire sur le zinc.

Dans 1800 parties d'eau distillée, on fait dissoudre 60 p. de chlorure de potassium, 120 de sulfate de cuivre, 100 d'acide acétique dilué et enfin 1 de bleu d'aniline. En réalité du reste il vaut mieux dissoudre d'abord séparément les deux premières substances dans 1400 p. d'eau et l'acide acétique dans le reste, pour mélanger ensuite et additionner du colorant.

Encres invisibles.

Les encres sympathiques sont innombrables ; beaucoup font appel à des substances dangereuses à manipuler. Parmi les liquides les plus simples à employer pour écrire sans que les traits paraissent, à moins d'être « révélés » convenablement, on peut recourir au salpêtre, au chlorure de sodium qu'on révèle à la chaleur ; au sulfate de cuivre, pour lequel il faut acheter chez le pharmacien du ferrocyanure de potassium ; à l'eau d'amidon, dont le réactif révélateur sera de la teinture d'iode ou des vapeurs d'iode ; au nitrate de cobalt, pour lequel il faut du sel d'oseille, qui est du reste un caustique à manipuler avec précaution.

Encre jaune.

Il s'agit d'une encre à base d'aniline. On la prépare en faisant dissoudre 15 grammes de jaune de naftol, et 40 grammes de dextrine dans un litre d'eau, puis en acidulant le tout au moyen de 40 centigrammes d'acide citrique.

Encre pour Machine à écrire.

Il s'agit de l'encre que l'on met sur les rubans bien connus. On la prépare avec 6 parties de glycérine, 1 de violet d'aniline et 3 de savon mou : faire tiédir le tout jusqu'à ce que le savon se dissolve bien, et mélanger.

2e Formule.

Voici une autre formule pour fabriquer une encre de machine à écrire. On mélange 12 parties d'eau et 4 de glycérine, puis on y fait dissoudre, sur le feu, 1 partie de savon transparent ; d'un autre côté, on fait dissoudre une quantité suffisante d'une couleur d'aniline dans 24 parties d'alcool à 94°, et l'on mêle au premier liquide obtenu.

Encre noire.

Prendre 23,4 grammes d'acide tannique, 7,7 d'acide gallique, 30 de sulfate ferreux, 25 d'acide chlorhydrique dilué, enfin 10 grammes de gomme acacia et 1 gr. d'acide phénique comme conservateur ; et dissoudre tout cela dans assez d'eau pour donner au total 1000 grammes.

Encre pour photographies.

Dissolvez 10 grammes d'iodure de potassium dans 30 grammes d'eau, puis 1 gramme d'iode et 1 gramme de gomme ; on écrit sur une partie noire de l'épreuve, et les traits blanchissent bientôt par la transformation de l'argent en iodure.

Encre résistant aux intempéries.

Si vous voulez une encre résistant aux intempéries, employez un liquide (qui ressemble plutôt à une peinture, et qui s'appliquera avec un petit pinceau ou une grosse plume) composé de 30 grammes d'asphalte, qu'on fait dissoudre avec 15 grammes de térébenthine de Venise dans un quart de litre d'essence de térébenthine, en ajoutant comme colorant 7 à 8 grammes de noir de fumée.

Encre pour tampons en caoutchouc.

Pour préparer une encre bleu destinée à ces timbres, prendre 300 grammes de bleu puis 1 kg. et demi de dextrine, et l'on fait dissoudre cette dextrine et la couleur (qui est une couleur d'aniline) dans 1 kg. et demi d'eau distillée, mais par chauffage au bain marie. Il ne reste plus qu'à ajouter 7 kgs de glycérine à 28° Beaumé.

2e Formule

Pour obtenir une encre à timbres en caoutchouc, on fait dissoudre, dans 15 parties d'alcool, 3 du colorant qui se vend sous le nom de nigrosine ; on ajoute 70 parties de glycérine additionnées de 15 d'eau, et l'on mélange bien.

Encres pour timbres en cuivre.

Ce sont des couleurs à l'huile qu'il faut ici. Pour du bleu, prendre 800 grammes d'indigo que l'on broie finement avec 2 1/2 kgs de vernis à l'huile de lin ; on ajoute au tout 1/2 kg d'oléine, en rebroyant encore. Enfin on complète par 2 kgs d'huile de ricin et 5 d'huile de lin. Pour du rouge, on prendra seulement 300 grammes d'écarlate d'aniline ; pour du noir, 600 gr. de noir d'aniline soluble dans l'huile.

Encre.

(V. *Patron*).

Eponges (Nettoyage des).

Pour nettoyer vos éponges, trempez-les dans de l'eau de savon, lavez-les et laissez-les pendant trois minutes dans une dissolution de permanganate de potasse ; rincez dans plusieurs eaux : l'éponge est propre.

Si vous tenez à lui rendre sa belle couleur jaune paille, trempez-la pendant quelques instants dans une forte solution de sel d'oseille.

Essieux.

(V. *Coussinets*).

Estamper (Métal à)

Prendre 63,88 parties de cuivre, 30,55 de zinc et 5,55 d'étain, et l'on aura un métal montrant de la ténacité, et suffisamment flexible pour prêter sous l'estampage.

Etamage des glaces (Préservation de l').

Passer derrière la glace ou miroir une couche du vernis suivant : on fait bouillir ensemble 150 grammes de térébenthine, le double de résine et 20 de kaolin, auquel on ajoute 20 grammes également de graphite bien pulvérisé. On applique à froid et en couche bien mince.

Etamage et soudure (Nouvelle composition pour).

On forme un composé de chlorure de zinc et de chlorure d'ammonium de zinc, que l'on mélange avec de l'oxyde de zinc dans la proportion d'une partie de sel pour deux p. de sel d'ammonium. On chauffe, et l'on obtient une substance qui rappelle la colophane fondue. Il faut chauffer entre 140 et 300°. On laisse ensuite solidifier, et l'on emploie ultérieurement.

Etamage du verre (Préparation pour l').

Il faut trouver une couche métallique qui adhère suffisamment au verre pour qu'on puisse ensuite déposer l'étain sur elle. Prendre une partie de bismuth, qu'on brise en morceaux, et qu'on jette dans un creuset contenant une partie d'étain et une partie de plomb fondues ; quand tout est fluide, on ajoute 2 parties de mercure en remuant avec une tige de fer. On verse ensuite cet amalgame, suffisamment refroidi et écumé, dans les vases de verre à étamer, soigneusement nettoyés et un peu chauffés.

Etiquettes sur fer blanc (Collage des).

On a l'habitude d'employer de simples étiquettes gommées, pour coller des indications sur les bocaux et boîtes de fer blanc ; mais elles ont la déplorable habitude de se décoller rapidement, tout simplement parce que la colle ne prend pas sur la surface lisse du fer-blanc. Il faut, pour remédier à cet inconvénient, que cette surface perde son poli ; et c'est ce que l'on obtient en humectant les dites étiquettes (au moment de les mettre en place) avec de l'acide chlorhydrique au lieu d'eau. L'acide chlorhydrique (qui est corrosif) attaque le métal, se combine avec lui, et donne une base de solide adhérence à la colle.

Etoffes (Poudre à nettoyer les).

C'est tout simplement à l'écume de mer qu'on peut la demander, en utilisant les nombreux déchets qui se font dans les tailleries de pipes et porte-cigares ou cigarettes en écume. Cette poudre, essentiellement absorbante, enlève les taches sur la plupart des étoffes.

Etoffes.

(V. *Colle*).

F

Faïence et de la porcelaine (Raccommodage de la).

Pour préparer le mastic qui relie solidement les morceaux d'une assiette ou d'un vase quelconque en faïence ou en porcelaine, on prend par exemple, 125 grammes de fromage blanc frais, qu'on lave et qu'on presse bien dans les mains jusqu'à ce que l'eau de lavage devienne clair; on le met alors dans un mortier de marbre, avec trois blancs d'œufs, le jus de sept à huit gousses d'ail pilées; on triture le tout, et on ajoute peu à peu de la poudre de chaux vive jusqu'à ce que le mastic soit sec.

On renferme ce mastic dans un petit flacon à large goulot qu'on tient bouché; et, à l'occasion, lorsqu'on veut s'en servir, il suffit d'en délayer une petite quantité avec un peu d'eau, de l'étendre sur les morceaux à recoller, de fixer ensuite solidement les morceaux les uns contre les autres, de les maintenir avec une ficelle, et de faire sécher à l'ombre. Lorsque la dessiccation est parfaite, le feu et l'eau bouillante n'y peuvent rien.

Fenêtres.

(V. *Givre*).

Fer blanc (Entretien du).

Pour nettoyer le fer blanc, trempez un linge dans de l'eau de soude, frottez longuement, et essuyez bien.

Fer forgé (Travail du).

Le travail du fer forgé devient bien plus facile, si l'on a un procédé pour donner une grande malléabilité au métal qu'il s'agit de travailler. Or, certains praticiens anglais recommandent dans ce but de chauffer le fer jusqu'à ce qu'il devienne rouge foncé, puis de le tremper ensuite dans un bain d'eau de savon ; on le porte de nouveau à cette même température du rouge foncé, et cette fois on le laisse se refroidir lentement dans de la chaux en poudre.

Fer.

(V. *Bronzage.* — *Ciment.* — *Colle.* — *Dorure.* — *Scellements.* — *Soudure.*)

Ferrures (Conservation des).

Voulez-vous conserver en bon état les ferrures, les clôtures en fil de fer, et en général tous les objets en fer exposés à l'influence des agents atmosphériques ? Pour cela, vous n'avez qu'à les enduire d'une sorte de peinture que vous obtiendrez en faisant dissoudre 125 grammes de camphre dans 170 d'essence de lavande ; vous diluez ensuite en ajoutant 500 grammes d'essence de térébenthine.

Feutre.

(V. *Imperméabilisation.*)

Filigrane d'argent (Nettoyage des objets en).

On peut se servir d'une solution saturée d'hyposulfite de sodium, que l'on emploie avec une brosse et une poudre, tel que le blanc d'Espagne très fin. Un mélange de crème de tartre en poudre fine, 50 grammes, blanc d'Espagne, 50 grammes, alun en poudre fine, 25 grammes, est excellent aussi. Eviter les produits où entre le cyanure de potassium ; ils donnent de bons résultats, mais sont dangereux.

Flacons.

(V. *Débouchage.*)

Fonte (Réparations des objets en).

Mélanger ensemble à sec, dans un mortier, les produits suivants : sel d'ammoniaque, 57 grammes ; soufre sublimé, 28 gr. 1/3 ; limaille de fonte, 455 grammes. Pour en faire usage, y ajouter et mélanger 20 fois son poids de limaille de fer fraîche ; piler le tout dans un mortier, mouiller avec de l'eau pour en faire une pâte, et appliquer sur l'objet à réparer. Après un certain temps, la pâte devient aussi résistante et aussi dure que le métal lui-même.

Fonte rouillée (Nettoyage de moulages en).

Porter d'abord au rouge pour amolir la rouille ; on baigne alors dans de l'huile, puis on frotte avec une brosse dure, métallique au besoin, en enduisant cette brosse d'un mélange d'huile et de poudre d'émeri.

Fourneaux (Ciment pour fissures de).

On peut réussir à boucher les fissures et craquelures des fourneaux, en employant le ciment suivant. Mélanger de la poudre de fer fine (qu'on peut se procurer chez le marchand de produits chimiques) avec ce qu'on nomme du verre soluble : des deux ingrédients on fait une pâte dont on bouche les fissures. Il faut ensuite allumer le fourneau et le porter si possible au rouge, pour que les deux produits employés fondent et s'amalgament bien l'un à l'autre. On peut aussi recourir à une pâte faite de cendres de bois, de sel ordinaire et d'eau.

Froid.

(V. *Refrigérants*)

G

Gants de chevreau (Nettoyage des).

On conseille, pour nettoyer les gants de chevreau, de faire dissoudre, dans 120 grammes environ d'eau, une trentaine de grammes de savon mou ; on ajoute ensuite 1 gramme à peu près d'essence de citron, et on fait du tout une pâte consistante en y incorporant une quantité suffisante de craie précipitée, bien plus fine que la craie pulvérisée. C'est cette pâte qu'on emploie au nettoyage des gants.

Givre sur les vitres des fenêtres (Pour empêcher le).

Il y a un moyen bien simple contre cet inconvénient. On fait dissoudre 55 grammes de glycérine dans 1 litre d'alcool à 63° non dénaturé, et l'on y ajoute, pour enlever la mauvaise odeur, quelques gouttes d'une huile odoriférante. Dès que le mélange est devenu limpide, on frotte l'intérieur des vitres avec un chiffon de toile imprégné du liquide. Cela empêche les vitres de se geler et, en outre, de se courir d'une buée qui leur enlève leur transparence.

Glaces (Argenture des).

Sans vouloir pratiquer couramment l'argenture des glaces, on peut désirer parfois réparer un miroir auquel on tient, et dont l'étain a été enlevé sur une petite surface. Pour cela, on place la glace sur une table, et, l'envers étant mis à nu, on nettoie soigneusement l'endroit à argenter au moyen d'un morceau de ouate. Puis on étend sur cet endroit une feuille de papier d'étain ; on l'applique bien à plat, et on laisse tomber dessus une goutte de mercure. Il ne reste plus qu'à frotter avec une peau de chamois jusqu'à ce que la feuille d'étain devienne bien brillante. On a fait en réalité un amalgame d'étain, et, pour qu'il adhère au verre, on laisse toute une nuit des livres empilés sur l'endroit ainsi étamé à nouveau. L'opération demande une certaine habileté manuelle, et on ne la réussit pas toujours du premier coup.

Glaces des voitures (Pour empêcher le bruit des).

Il faut essentiellement disposer une bande d'étoffe, de drap mince entre le cadre et la vitre, le long des quatre faces, mais en enduisant la bande d'étoffe d'une sorte de ciment la maintenant en place, ce ciment devant aussi être étendu dans le cadre pour faire adhérer la vitre au bois. On compose ce ciment, à consistance de mastic de vitrier, avec de la céruse en baril, du noir de fumée, un peu de vernis, et ce qu'on nomme de l'or couleur.

Glaces.

(V. *Etamage*).

Gong (Métal de).

Les gongs et les tam-tam se font généralement de 78,51 parties de cuivre, 10,27 d'étain, 0,52 de plomb et 0,18 d'argent.

Goudron sur le métal poli (Enlèvement du).

Si vous voulez enlever les taches de goudron des surfaces métalliques polies, vous pouvez recourir à la recette suivante : cela consiste à faire une pâte à consistance de crème avec des graines d'anis écrasées et de l'extrait de réglisse, puis à en frotter la tache au moyen de la main. Il ne reste plus ensuite qu'à laver à l'eau de savon, et à sécher avec un linge.

Graisse sur le papier (Enlèvement des taches de).

Pour enlever les taches de graisse sur les livres, gravures ou papiers : chauffer d'abord les taches pour les liquéfier ; les recouvrir de papier non collé, et remplacer chaque feuille à mesure qu'elle absorbe la graisse.

Cela fait, tremper un pinceau dans de l'essence de térébenthine fraîche et *très pure*, et l'appliquer sur les deux faces de la tache de nouveau préalablement chauffée.

Enfin, avec une petite brosse douce, imbiber les places qui étaient graisseuses d'esprit de vin rectifié le plus concentré possible.

Les taches disparaissent, le papier redevient très blanc et net, et l'encre d'imprimerie n'est pas altérée.

Nous croyons utile d'insister sur la qualité de l'essence de térébenthine à employer, cette substance est souvent additionnée d'huiles lourdes, et, dans ce cas, l'application en serait désastreuse. Pour s'assurer de la pureté de l'essence, il suffit d'y tremper une petite bande de papier en laissant à sec la moitié de cette bande. Si l'essence est pure, après quelques minutes, l'évaporation sera complète et le papier ne gardera aucune trace, sinon la partie imbibée demeurera plus ou moins tachée d'huile.

Graver sur le cuivre, le zinc (Liquide à).

On le compose de 100 grammes d'acide chlorhydrique, de 60 gr. de chlorate de potasse et de 160 grammes d'eau. Pour permettre au liquide de n'attaquer que les parties à graver, la méthode générale consiste toujours à enduire ce métal d'un vernis qu'on enlève avec une pointe ou autrement, là seulement où l'on veut la morsure du mélange acide.

Graveurs (Vernis des).

On mélange 110 parties de cire jaune, par fusion naturellement, avec 25 d'asphalte de Syrie, autant de gomme mastic, et 20 parties seulement d'ambre.

Gravure (Liquide pour transport d'une).

Pour transporter une gravure d'un journal illustré sur une feuille de papier blanc, sur une étoffe, etc., on emploie un liquide fait de parties égales d'esprit-de-vin rectifié, de glycérine et d'eau ; on y ajoute parfois un parfum quelconque pour masquer l'odeur un peu violente de l'esprit-de-vin, mais cela n'a point d'importance pour l'opération même que l'on poursuit. Pour mener à bien cette opération, on dispose la gravure la face en l'air et sur une plaque de bois bien unie, ou, mieux encore, sur une plaque de verre, mais en l'en séparant par une couche de papier quelconque. On enduit alors la gravure du liquide préparé, en employant pour cela un pinceau en poil de chameau, et de manière à bien humidifier le papier qui la porte ; puis on applique par-dessus une feuille de papier non glacé, ou l'étoffe sur laquelle on veut transporter le dessin, et l'on frotte bien d'aplomb et énergiquement, avec la tranche d'un couteau à papier, sur toutes les parties du papier ou de l'étoffe.

On peut aussi employer la méthode très simple qui a été, sinon imaginée, du moins indiquée par Niepce de Saint-Victor. On met dans une cuvette une solution d'iode, et l'on étend au-dessus de la cuvette la gravure, dont les traits sont formés par un dépôt d'encre grasse : cette encre est colorée avec du noir de fumée, c'est-à-dire du charbon, et celui-ci absorbe un certaine quantité d'iode volatilisé.

On applique ensuite la gravure sur un papier amidonné, et elle s'y reproduit immédiatement en bleu, grâce à la réaction de l'iode sur l'amidon.

Gravures (Nettoyage des).

Pour blanchir et nettoyer les vieilles gravures jaunies par le temps et la fumée, on recommande de les faire tremper pendant vingt-quatre heures dans de l'eau oxygénée à un demi-volume ; on ajoute à cette eau quelques gouttes d'ammoniaque, jusqu'à ce que du papier de tournesol change de couleur quand on l'y trempe. Après ce bain, la gravure est sortie avec précaution, on la passe et la rince dans de l'eau claire, et l'opération est achevée.

Enfin les livres et les gravures peuvent aussi être nettoyés et rajeunis aisément. Il suffit de faire tremper les feuillets souillés, pendant quelques minutes, dans l'eau de Javel, puis de les rincer énergiquement à l'eau claire. Lorsqu'ils portent des taches de graisse ou d'huile, on applique sur la tache une feuille de gros papier brouillard, que l'on chauffe à l'aide de petits charbons incandescents, placés dans une cuiller d'argent ; puis, pendant que le papier est encore chaud, on passe, de part et d'autre de la maculature, au pinceau, une faible couche d'essence de térébenthine, puis d'alcool pur, lorsque l'essence est évaporée.

Les taches d'encre et les annotations à la plume sont plus difficiles à enlever. Cependant, elles résistent peu à un lavage soigneux fait avec une solution faible, étendue d'eau, d'acide oxalique, tartrique ou citrique. Ce lavage chimique n'altère en rien les caractères d'imprimerie.

Gravure sur platine.

Elle présente une certaine difficulté, au point de vue de l'apparence, en ce que le burin trace un sillon très brillant, et où le métal prend une sorte de poli bien particulier, tandis que le corps de la surface où l'on grave, garde sa coloration gris terne. On arrive à un excellent résultat en trempant dans de la térébenthine le tranchant du burin ; alors le métal reste terne sous le tranchant.

H

Harnais (**Enduit pour**).

On fait d'abord fondre 6 parties de cire d'abeille, puis 2 p. de suif de mouton ; on ajoute à cela 6 p. de sucre en poudre fine, 2 de savon mou, 2 1/2 de noir de fumée, et 1/2 p. d'indigo finement pulvérisé. Après mélange, on additionne de 4 p. d'essence de térébenthine, et l'on peut garder en boîte jusqu'au moment de l'emploi.

Horlogerie (**Nettoyage des mouvements d'**).

Vous avez peut-être l'occasion de nettoyer des mouvements d'horlogerie : pour cela, il faut employer un liquide qui décrasse les roues de laiton, mais qui n'attaque pas l'acier des tiges et des pignons. Pour obtenir le résultat voulu, mélangez 3 grammes d'acide oxalique, autrement dit de ce corrosif violent qu'on appelle communément sel d'oseille, avec 15 grammes de savon noir, 18 d'ammoniaque liquide et enfin 20 d'alcool ; versez sur le tout 80 grammes d'eau. Vous vous mettez dehors pour faire ces préparatifs, afin de peu respirer les odeurs violentes du mélange, et vous faites baigner les mouvements à nettoyer un quart d'heure dans le liquide. Vous brossez ensuite, vous lavez à grande eau, vous faites sécher dans de la sciure de bois, vous passez dans l'alcool, et essuyez finalement avec un linge fin.

Huile de lin (Blanchiment de l').

Pour chaque kilo d'huile, on fait une solution d'un kilo contenant un tiers de sulfate de fer pour deux tiers d'eau ; on mélange, et on laisse plusieurs semaines à l'air et au soleil si possible, en agitant assez souvent.

Huile pour petites machines.

Pour fabriquer de la bonne huile de graissage pour machines à coudre, versez de l'huile d'olive de première qualité dans un bol en porcelaine, que vous mettrez dans un bol plus grand ou dans un saladier, afin de tout recueillir en cas de rupture du premier vase. Vous prenez une quantité de plomb égale en poids à la quantité d'huile employée, vous le faites chauffer au rouge, et le videz tout en fusion dans l'huile, en prenant garde aux brûlures, s'entend. Pendant trois mois on laisse l'huile déposer au soleil, après l'avoir recouverte d'une feuille de verre pour empêcher la poussière d'y tomber ; puis on filtre et l'on met en bouteille. Il faut que le liquide obtenu soit d'une blancheur et d'une limpidité parfaites, autrement on aurait à renouveler l'épuration. L'huile ainsi traitée est excellente même pour l'horlogerie, et spécialement pour les montres.

Huile pour petits mécanismes.

On prend de l'huile d'olive qu'on verse dans une bouteille où l'on a jeté beaucoup de grenaille de plomb ; on bouche et on laisse exposé à la lumière aussi longtemps qu'on verra se former une matière blanchâtre à la surface et un dépôt au fond de la bouteille. On recueillera ensuite l'huile blanchie et purifiée, en la séparant par filtrage du dépôt dont nous venons de parler.

Huile de pied de bœuf (Succédané d')

Voici un moyen de remplacer à peu de frais, et sans grand inconvénient, l'huile de pied de bœuf, qu'on emploie généralement pour les machines à coudre et pour les mécanismes délicats, mais qui a le tort de coûter relativement cher. On peut mélanger une partie de vaseline fondue avec 7 parties d'huile de paraffine, ou encore 10 parties de cette huile avec 30 d'huile d'olive. Ce sont là des formules qu'emploient couramment les falsificateurs d'huile de pied de bœuf, en vous vendant le produit aussi cher que s'il était réellement ce qu'indique l'étiquette.

I

Imperméabilisation du carton.

On fait fondre ensemble des parties égales de bonne poix et de gutta-percha; on prend 9 parties de ce mélange, et l'on ajoute 3 p. d'huile de lin bouillie, et 1 1/2 p. de litharge. Il faut exposer à la chaleur et bien mélanger en remuant. On peut au besoin additionner d'un peu de benzine.

Imperméabilisation du coton.

Dissoudre 1 1/2 kg de gélatine dans 50 litres d'eau bouillante; on ajoute autant de râpures de savon au suif, puis graduellement 2 kgs d'alun. On laisse refroidir jusque vers 50°, et c'est alors qu'on passe le tissu de coton dans le liquide, pour le calendrer ensuite.

Imperméabilisation du cuir.

On y emploie du bisulfure de carbone, et l'on doit recourir à l'ébullition, au bain-marie, comme de juste, mais en prenant bien garde aux inflammations. Se procurer 200 grammes de gutta-percha, que l'on fait dissoudre dans 100 gr. de bisulfure, et d'autre part faire dissoudre

75 gr. de gomme mastic dans 100 gr. d'éther. On prend ensuite 5 à 8 parties de la première solution et 1 partie de l'autre, on mélange, et finalement on fait bouillir à l'eau dans le bain-marie.

Imperméabilisation du feutre

Le feutre, a l'inconvénient de prendre aisément l'humidité. Pour réussir cette imperméabilisation, il suffit de le saturer à chaud avec la solution que nous allons indiquer. Cette solution se fait sur le feu (mais en évitant l'ébullition et la production de vapeurs dangereuses, en ce sens qu'elles sont inflammables) avec un litre de bonne huile de lin pure, un litre de pétrole, un demi-litre d'essence de térébenthine, puis 125 grammes de cire jaune réduite en petits morceaux ; on se trouve bien de préparer cette mixture dans un récipient en cuivre, et, pour éviter les inflammations, il faut procéder au bain-marie. Quand le feutre en est bien saturé, on le suspend dans une pièce chaude et on le laisse sécher lentement. Il va de soi que l'on exécutera toutes ces opérations au grand air, et si par hasard le feu se mettait dans le contenu du vase où se prépare cette cuisine, on en serait quitte pour laisser le tout brûler sans s'en approcher.

Imperméabilisation de la grosse toile.

Pour rendre imperméable la grosse toile dont on veut faire des tabliers de voitures, des tentes de canots ou des tentes ordinaires, des abris divers contre la pluie, on se trouve assez bien de la formule suivante. On commence par broyer un peu moins de 3 kilos d'ocre anglaise avec une certaine quantité d'huile de lin bouillie, le broyage ayant simplement pour but de bien mélanger huile et colorant ; on ajoute en outre un demi-kilo d'une peinture noire, et l'on augmente la quantité d'huile de manière que cet enduit ait une consistance fluide convenable. On fait dissoudre d'autre part, une trentaine de grammes de savon jaune dans un quart de litre d'eau, cette dissolution se préparant à chaud, et on la mélange encore chaude avec la première préparation. On étend cette composition sur la toile bien sèche, et en couche aussi épaisse que le permet un pinceau ; on laisse sécher, puis on applique une seconde couche, mais rien que du premier mélange, sans addition de savon cette fois ; quand cette application a elle-même bien séché, on passe une peinture à l'huile ordinaire et de la nuance qu'on veut finalement donner à la toile.

2e Recette.

Il faut que cette toile soit appliquée à plat (comme sur les malles) et qu'elle n'ait point à subir de flexions, car l'enduit dont il s'agit lui donne forcément une grande raideur. C'est une véritable peinture faite de 500 grammes de savon jaune dans un litre d'eau bouillante, avec addition de 3 litres d'huile de lin bouillie et d'un litre de térébenthine. L'enduit bien mélangé s'applique en deux couches, et l'on passe par-dessus une peinture faite de laque noire dure éclaircie avec de la térébenthine.

3e Recette.

Saturer avec une solution de 7 o/o de gélatine, puis sécher à l'air ; le trempage a dû se faire à une température de 40°. On plonge ensuite dans une solution à 4 o/o d'alun et l'on sèche de nouveau ; enfin on passe à l'eau pour sécher définitivement.

4e Recette.

Il faut déposer en surface un savon insoluble. Pour cela on rince et fait bien baigner cette toile dans un premier bain dont elle s'imprègne ; bain composé de 18 litres d'eau dans laquelle on a fait dissoudre 450 grammes de savon jaune ordinaire. On égoute bien le tissu en le tordant, et on le plonge de la même manière dans un second bain dont il doit se charger et qui est composé de 110 grammes environ de sulfate de cuivre, dans la même quantité d'eau toujours bouillante. On fait sécher la toile sur une corde, et l'on répète le traitement autant que nécessaire.

Imperméabilisation des tissus.

Voici une formule pour imperméabiliser les tissus. Dans 17 kilogr. d'eau bouillante, on fait fondre 500 grammes de gélatine et autant de savon neutre de suif, puis on y ajoute par petites portions 750 grammes d'alum. L'ébullition doit être prolongée durant un quart d'heure. Quand le liquide laiteux que l'on obtient de la sorte est retombé à une température de 50 degrés centigrades seulement, on y plonge le tissu à imperméabiliser, puis on égoutte celui-ci et on le sèche, mais sans le tordre. Il ne reste plus ensuite qu'à le laver à l'eau douce, puis à le sécher et à le repasser.

2e Recette.

Tremper ces étoffes dans un bassin contenant de l'acétate d'aluminium, d'une densité correspondant à 5° Beaumé ; les laisser baigner 12 heures, puis sécher à l'air libre, et exposer ensuite un certain temps à une température de 60 à 65° C.

3e Recette.

On mélange 2 parties d'essence de térébenthine, 1 de litharge pulvérisée et 3 d'huile de lin ; on fait bouillir au bain-marie, car tout cela pourrait aisément prendre feu, et on étend sur l'étoffe à traiter une ou deux couches de cet enduit.

Incombustibilisation du bois.

Pour rendre le bois incombustible, ce qui peut être utile dans bien des circonstances, un procédé bien simple consiste à y appliquer en plusieurs couches successives, comme de la peinture, un enduit fait de 100 parties de verre soluble, de 500 parties de craie en poudre et de 1000 de colle forte liquide.

2e Recette.

La préparation est très simple ; on fait un enduit par parties égales de chlorure de chaux fluide et de chaux grasse, de manière à obtenir une consistance pâteuse.

Incombustibilisation du papier.

On rend le papier incombustible tout aussi bien que les étoffes, en l'enduisant d'une solution faite avec 20 pour 100 de tungstate ou de molybdate de sodium dans de l'eau ; on peut tremper le papier dans cette solution, ou, ce qui vaut mieux (c'est souvent plus facile) en étendant le liquide au moyen d'un pinceau ou d'un pulvérisateur.

Ininflammables l'alcool, l'essence, la benzine, etc. (Pour rendre).

Se procurer tout simplement du tétrachlorure de carbone, que l'on mélange au liquide en proportions variables, par tâtonnements ; pour la benzine par exemple, il faut 25 o/o de ce produit.

Irisation.

(V. *Plâtre*).

Ivoire artificiel.

Vous prenez une pomme de terre absolument saine, puis vous la lavez, la retournez dans de l'acide sulfurique dilué, ce qui soulève complètement la peau. Vous la faites bouillir ensuite dans cette même solution, à feu très doux, et jusqu'à ce que la pomme de terre devienne absolument dure et compacte. On lave finalement à l'eau tiède, puis à l'eau froide, et on laisse sécher dans un placard bien sec. On a ainsi une matière qui se laissera admirablement tourner ou sculpter. Prendre les précautions qu'exige l'emploi de l'acide sulfurique.

Ivoire (Pour donner au plâtre l'apparence du vieil).

En employant un enduit pâteux fait de cire d'abeille dans de la térébenthine, et coloré plus ou moins avec de la terre d'ombre, on peut arriver à donner l'apparence du vieil ivoire à de vulgaires moulages en plâtre ; il est, bien entendu, nécessaire de frotter l'enduit assez vigoureuse-

ment (quoique avec des précautions), pour le faire reluire, et donner ainsi quelque peu l'impression de l'ivoire.

Ivoire (Nettoyage de l').

On réussit très bien, quand l'ivoire n'est pas trop sale, en le frottant vigoureusement d'un chiffon largement imbibé de jus de citron.

On peut aussi, pour atteindre ce but, le tremper dans une solution de permanganate de potasse faite d'une partie de ce produit chimique pour 250 d'eau, ce qu'on nomme une solution à 1/250 ; puis on le trempe ensuite dans une solution à 1/100 d'acide oxalique, autrement dit de sel d'oseille. Chaque bain doit durer une demi-heure et doit être suivi d'un bain dans de l'eau pure ; il faut répéter l'opération si du premier coup on n'est pas arrivé à ramener suffisamment la teinte blanche.

Ivoire (Pour polir l').

Faire une pâte de bol d'Arménie et d'acide oléique, puis en frotter l'ivoire à l'aide d'un linge enduit de cette pâte. On lave ensuite au savon de Marseille, on sèche, puis on frotte avec une peau de chamois ; et on donne le brillant complet par polissage à l'aide d'un vieux morceau de soie.

Ivoire (Vieillissement de l').

Pour lui donner rapidement la teinte jaunâtre de l'âge, le tremper d'abord dans une solution d'alun faite à raison de 30 grammes par demi-litre d'eau, puis dans une décoction de sumac.

Ivoire.

(V. *Blanchîment*).

J

Joints des conduites d'eau (Pour rendre étanches les).

Vous pouvez avoir à rendre étanches des joints de conduites d'eau. Le mieux pour cela est d'employer de la corde goudronnée ou enduite de suif et de cire ; de l'étoupe trempée dans un bain chaud fait de cire, d'ocre et d'ardoise pilée donne aussi un bon résultat. On peut encore se servir d'étoupe et de minium.

Ou encore interposer dans le joint, c'est-à-dire entre les deux surfaces à réunir, une feuille de vulgaire papier d'emballage qu'on a préalablement enduite de céruse.

Joint résistant à la chaleur.

Si vous voulez faire un joint résistant particulièrement bien à la chaleur, à l'eau bouillante, etc., vous n'avez qu'à composer une pâte plastique avec 25 parties de gutta-percha, 15 de graphite, 3 de silice, 1 de chaux et 1 également d'oxyde de fer.

Joints des tuyaux de fer.

Dans les petits travaux, ou simplement dans les réparations que l'on désire exécuter soi-même, on peut avoir besoin de faire des joints à des tuyaux de fer, joints qui résistent à la chaleur. Pour cela on se trouvera bien d'employer un ciment fait de quantités égales de peroxyde de manganèse tamisé (en poudre fine, par conséquent), et de blanc de zinc, finement pulvérisé aussi ; on ajoute au tout une quantité suffisante de verre soluble pour faire une pâte de bonne consistance.

Joints de vapeur, d'eau chaude.

On a bien souvent besoin d'exécuter des joints de vapeur, d'eau chaude, etc. Pour cela le minium est tout indiqué, et on en met sur tout le pourtour du joint à faire, pour le serrer ensuite au moyen des boulons. Or, la préparation du minium qu'on veut employer ainsi s'obtient en se procurant le minium, autrement dit l'oxyde de plomb, qu'on mélange en parties égales avec de la céruse délayée dans de l'huile de lin. Mais il importe au suprême degré de bien malaxer le mélange, en le battant, en l'étalant à coups de maillet, en le repliant sur lui-même, et cela jusqu'à ce que sa consistance soit telle qu'il ne colle plus aux doigts. On en fait alors des boudins qu'on dispose autour du joint. Il faut ensuite laisser sécher plusieurs heures avant qu'on fasse passer de la vapeur ou de l'eau chaude dans la conduite qu'il a servi à réparer.

L

Laiton en bleu (Pour colorer le).

On peut avoir le désir de colorer le laiton en bleu. Pour cela, on procède comme il suit. On mélange dans une bouteille 100 grammes de carbonate de cuivre et 750 d'ammoniaque ; on bouche la bouteille, et on agite jusqu'à ce que la solution soit complète. On additionne finalement de 150 grammes d'eau distillée ou d'eau de pluie, et on agite de nouveau, pour laisser reposer ensuite.

Avant de traiter les objets de laiton à colorer, on les dégraisse complètement, et on les plonge dans le liquide en les soutenant au moyen d'un fil de cuivre, cela durant 2 ou 3 minutes, et en les agitant doucement. On les retire, on les lave à l'eau froide, et on les sèche dans de la sciure de bois. On obtient ainsi des teintes réellement charmantes.

Laiton (Mise à neuf du).

Pour obtenir un brillant durable, on frotte avec du tripoli additionné d'huile d'olive, le tripoli étant aussi fin que possible ; on rince à l'eau de savon, et l'on frotte et sèche avec un linge bien mince et souple.

Laiton.

(V. *Bronzage*).

Laque (Entretien des meubles en)

Les meubles en laque tiennent toujours une place d'honneur dans les ameublements. On est toujours à la recherche d'un bon moyen pour les entretenir et leur conserver le lustre et l'éclat qui en font la valeur. Dans ce but, il ne faut pas les essuyer avec des chiffons de laine ou de toile, qui ont l'inconvénient de les rayer et de les détériorer : une peau de chamois ou un foulard de soie doivent être exclusivement réservés à cet usage.

Mais le cas le plus grave est celui où le vernis se trouve altéré ou défraîchi : pour lui rendre son éclat primitif, on mouille légèrement la surface, sur laquelle on répand aussitôt une légère couche de poudre d'amidon ; puis on frotte doucement, mais avec persistance, de façon à obtenir un polissage aussi parfait que possible. Enfin, on fait disparaître toute trace de l'opération en essuyant bien avec la peau de chamois ou le foulard.

Lavis (Fixation des couleurs au).

On peut délayer tout simplement les couleurs dont on veut faire usage dans de l'eau où l'on a fait dissoudre un peu de colle de peau, le liquide devant être filtré pour ne point contenir les impuretés de la colle. On peut du reste passer une couche de colle de peau très claire (ou même deux) pardessus les couleurs déjà appliquées.

Linoléum (Entretien du).

On le trouve partout, et il est bon de savoir le maintenir

en bon état. Préparer un mélange de 5 kgs de cire jaune et de 10 de cire de Carnauba, que l'on fait fondre sur le feu ; quand il est encore tiède, on ajoute 4 1/2 kgs d'essence de térébenthine et un peu de benzine ; on brasse, et l'on met en boîte si l'on n'emploie pas tout de suite. Enduire du linoléum avec cette préparation l'entretient en parfait état.

Lubrifiant pour courroies.

Prendre 60 parties d'oléine des savonneries, puis 15 de vaseline et 5 environ d'huile de ricin ; on additionne enfin de 20 p. d'huile de résine, et l'on fait chauffer durant 7 à 8 minutes en remuant continuellement. Ce lubrifiant demeure sans sécher sur les courroies.

Lubrifiant au graphite.

On ne devrait jamais oublier que le graphite, autrement dit la vulgaire mine de plomb de nos crayons, est un excellent lubrifiant, et qu'il suffit le plus souvent d'en mettre une assez faible quantité dans une charnière, dans les gonds d'une porte qui ne joue point, pour les faire tourner aussitôt aisément.

Lubrifiant résistant à la chaleur de la vapeur surchauffée.

On prend de la lanoline brute, on peut l'additionner de pétrole, puis on l'expose à une température de 300° sous une pression de 5 atmosphères, si possible.

M

Machines à écrire.

(V. *Encre*).

Machines électriques (Frottoirs pour).

Il s'agit naturellement de machines à frottement, machines de cours par conséquent. On peut les former d'un amalgame de 2 parties de zinc et d'une partie d'étain ; on fait fondre les deux métaux dans un creuset, et l'on ajoute le mercure chauffé au préalable.

Machines (Entretien des petits organes des).

On a souvent besoin d'entretenir en bon état et par conséquent de polir les petits organes des machines, machine à écrire ou à coudre, pièces de fusil, etc. Pour obtenir le résultat voulu, on prépare un mélange de 10 parties de térébenthine, de 20 d'huile de stéarine, de 30 de noir animal soigneusement pulvérisé, et on ajoute une quantité d'alcool suffisante pour rendre le mélange bien fusible. On applique celui-ci avec un pinceau doux sur les parties à polir, et on laisse évaporer. Il reste de la sorte un enduit pâteux, qu'on étend en frottant au moyen d'une étoffe enduite elle-même de noir animal et de rouge d'Angleterre : ce frottement assure un polissage énergique, qu'on termine en frottant encore, et à sec, avec une peau de chamois.

Mains (Nettoyages des).

Pour peu qu'on se livre au travail des métaux, on se noircit les mains, de telle façon même que les procédés de lavage ordinaires ne réussissent guère à enlever cette patine spéciale. Pour triompher de la difficulté, on commence par se laver les mains en les frottant à plusieurs reprises avec de l'essence de pétrole, et en les essuyant chaque fois ; puis on les humecte d'huile d'olive ou on les graisse de beurre, et on les frotte de nouveau énergiquement. On essuie une fois encore, et l'on termine par un bon lavage au savon. Pour les ongles, où les taches noires tiennent d'une manière déplorable, on les nettoie avec un mélange de benzine et d'alcool.

Mains.

(V. *Crevasses.* — *Taches de goudron*).

Manches de couteaux (Remontage des).

Les manches des couteaux de table se défont souvent, après un certain temps d'usage. Quand on sent qu'ils commencent à jouer, on retire la lame avec la petite tige, la queue qu'elle porte : on chauffe cette tige au feu, d'autre part on remplit de résine sèche en poudre l'évidement du manche, et l'on renfonce la tige dans cet évidement ; la résine fond au contact du métal chaud et forme, une fois refroidie, un solide ciment.

Marbre artificiel pour moulages.

Quand on veut faire des moulages, il est agréable de pouvoir employer autre chose que du plâtre, qui a de multiples inconvénients ; et voici une recette qui permet de produire une sorte de marbre artificiel. On fait dissoudre, dans un peu d'eau, 2 parties de colle ou de gélatine animale, puis 4 d'alun et 8 de gomme arabique ; on étend ensuite d'eau, de façon à en avoir 100 parties avec celle qu'on a employée d'abord, et c'est avec le liquide finalement obtenu qu'on gâche 200 à 250 parties de plâtre fin ; au besoin même on peut ajouter un colorant, si l'on veut une substance qui ne demeure pas blanche, et l'on n'a qu'à acheter un peu d'un oxyde métallique. On effectue ensuite le moulage avec cette bouillie comme si c'était du plâtre ordinaire, et en durcissant elle prend réellement l'aspect du marbre.

Marbre (Ciment pour réparer le).

Voici la formule d'un ciment pour réparer le marbre. On le compose tout simplement avec 4 parties de gypse et 1 partie de gomme arabique finement pulvérisée, ces deux ingrédients étant ensuite malaxés dans un mortier avec une solution froide de borax. On peut ajouter un colorant, s'il s'agit de réparer un marbre de couleur.

Marbre (Entretien du).

Les statues en marbre exposées à l'air sous notre climat, non seulement noircissent, mais encore se recouvrent facilement de petites végétations minuscules qui y forment des plaques vertes. Pour éviter l'aspect déplorable qui en résulte, il convient de faire un mélange de deux parties de cire vierge pour une d'huile d'œillette, que l'on obtient en chauffant légèrement, et de le passer à chaud avec un pinceau sur le marbre, dont tous les pores sont ainsi bouchés. On préconise aussi, pour le nettoyage du marbre, de l'eau légèrement acidulée d'acide sulfurique ; mais il faut agir dans ce cas avec beaucoup de précautions, pour ne pas attaquer exagérément le marbre sous la morsure de l'acide ; un décapage très léger doit suffire.

Marbre (Nettoyage du).

Employez une pâte faite de 4 parties de savon mou, autant de blanc d'Espagne pulvérisé et 1 partie seulement de carbonate de soude. On peut encore (mais c'est surtout quand on veut en même temps repolir un peu le marbre), se servir d'un mélange de 2 parties de carbonate de soude, 1 partie de pierre ponce aussi fine que possible — et obtenue par lixiviation —, enfin 1 partie de craie. On ajoute d'eau ce qu'il faut pour faire une pâte fluide.

2e Recette.

La plupart des taches sur les marbres cèdent au traitement suivant. On prend du fiel de bœuf, de l'essence de térébenthine, et l'on ajoute de la terre de pipe pour faire une pâte du tout. On enduit les taches de cette pâte, et on laisse absorber quelques jours.

3e Recette.

Avec de l'argile ordinaire et de la benzine, on prépare une pâte que l'on applique sur la tache ou les taches, en laissant plus ou moins longtemps, suivant la quantité d'huile qui se trouve sur ou plutôt dans le marbre. On peut aussi recourir à un emplâtre fait de terre de pipe, d'un peu de fiel de bœuf, d'un peu de lessive et de térébenthine. Si le poli du marbre est localement enlevé par ce traitement, on repolit comme nous l'indiquons ailleurs.

Marbre (Réparation des objets en).

Voici une méthode pour réparer les objets en marbre plus ou moins écornés. Pour remplacer un morceau disparu, on fait une pâte épaisse avec 300 grammes à peu près de résine pulvérisée et de l'huile de lin ; puis on fait liquéfier au feu, et, quand ce liquide a commencé de refroidir un peu, on le jette dans de la colle forte (une livre) qu'on a fait fondre en l'additionnant d'une très faible quantité d'eau. On agite le mélange, on y ajoute du blanc d'Espagne tamisé, et, en manipulant le tout, on obtient une vraie pâte dont on fait des pains qui refroidissent ensuite tout à loisir. Quand on veut effectuer une réparation, on ramollit cette composition par chauffage, et on applique comme du mastic, en donnant la forme voulue pour imiter le morceau disparu. On polit ensuite convenablement.

Maroquin (Pour rendre le brillant au).

Pour rendre le brillant au maroquin, appliquer à sa surface du blanc d'œuf au moyen d'une éponge.

Mastic pour aquarium.

Il est souvent utile de posséder la formule d'un mastic

pour aquarium, c'est-à-dire d'un lut permettant de renouveler en toute sécurité le montage et le mastiquage des vitres de l'aquarium dans leurs cadres. Vous pouvez pour cela prendre deux parties de gypse, que vous mélangez avec la même quantité de craie, pulvérisée s'entend ; vous ajoutez également deux parties de litharge et une seulement de résine en poudre, et vous faites du tout une bouillie, ou plutôt une pâte bien homogène, en mouillant d'huile de lin que vous avez fait cuire au préalable. Nous n'avons pas besoin de dire qu'il n'y a pas de proportion fatale de cette huile : on en met suffisamment pour que la pâte, une fois bien malaxée, soit de la consistance voulue pour faire un bon mastic.

Mastic métallique.

Il est recommandé comme un excellent ciment pour réparer les objets de porcelaine. C'est en réalité un amalgame de cuivre à 30 o/o de cuivre. Avant emploi, on chauffe les surfaces à cimenter, puis on fait chauffer aussi un peu de l'amalgame à consistance de cire fondue, et on l'applique ainsi.

Mastic pour pierre de taille.

On a parfois besoin d'un mastic pour boucher des trous dans la pierre de taille. On peut, dans ce but, faire un composé comprenant une partie de cire et deux de résine (ou de colophane), fondues avec de la pierre pulvérisée. Une recette meilléure, mais plus compliquée, consiste à prendre deux parties de chaux hydraulique éteinte d'elle-même, après une dizaine de jours passés dans une cave, puis deux parties de ciment pulvérisé ; on fait une pâte avec une partie d'huile de lin, et l'on applique le dit mastic sur la pierre, qu'on a bien imbibée préalablement d'huile de lin chaude.

Métal anglais de Bath.

On le nomme le plus souvent métal de Bath, en Angleterre, et il est admirablement approprié à la confection des théières et des autres objets analogues ; car, frotté avec un chiffon mou, il prend un beau brillant jouant l'argent. Il est tout uniment composé de 55 parties de cuivre et de 45 de zinc.

Métal blanc sonore.

On l'appelle parfois métal d'Alger, nous ne savons trop pourquoi. Il est fait de 5 parties de cuivre, de 94,5 d'étain et de 0,5 d'antimoine. Cela lui donne une belle couleur blanche, et il prend parfaitement le poli.

Métaux (Pâte à nettoyer les).

On peut la mouler en forme de bâtons, ce qui en rend l'emploi encore plus aisé. La composition est faite de 46 parties en poids de dégras, de 30 de terre réfractaire, de 5 de paraffine, d'autant de cire, de 10 d'huile de coco, et enfin d'une d'essence de mirbane.

Voici une seconde composition brevetée ; l'on ne peut donc pas la mettre dans le commerce ; mais on peut s'en servir pour son usage personnel en la modifiant plus ou moins.

Pour 100 parties en poids de ce produit, on prend 2,4 parties de cire, puis 9,4 d'huile de térébenthine, 42 d'acide acétique, autant d'acide citrique, et finalement même quantité de savon blanc.

Métal.

(V. *Argenture*).

Métaux.

(V. *Emaillage*. — *Perçage*. — *Polir*. — *Revêtement*. — *Rouille*. — *Vernis*).

Meubles (Entretien des).

Voici la formule d'une sorte de pâte qu'on peut employer avec succès pour entretenir les meubles. Sur feu doux, faire fondre 8 parties de cire jaune et 1 partie seulement de savon jaune ; on ajoute 16 parties d'essence de térébenthine, et l'on verse sur le tout 16 parties également d'eau bouillante, mais en brassant constamment jusqu'à refroidissement du mélange.

Meubles (Pour faire disparaître les rayures des).

Pour faire disparaître les raies et les éraflures des meubles et leur donner un beau poli, faites dissoudre un peu de cire minérale dans quatre fois son volume de pétrole. On chauffe au bain-marie jusqu'à dissolution de la cire, et on laisse refroidir.

Ne chauffez pas trop, le pétrole pourrait s'enflammer. Frottez les meubles avec cette composition ; et une demi-heure après, aussitôt que le pétrole sera bien sec, frottez à nouveau avec un morceau de flanelle : vous obtiendrez un poli superbe.

Meubles.

(V. *Brillant*. — *Cire*. — *Laques*. — *Vernis*. — *Vers*).

Meule d'émeri (Fabrication d'une).

On commence de plus en plus, et avec raison, surtout aux Etats-Unis, à abandonner la lime pour la remplacer par la meule, qui fait le même travail avec bien plus de rapidité et moins de peine ; or, si vous désirez fabriquer une meule d'émeri, la recette est simple. Il faut d'abord une roue pleine en bois de la dimension dont vous voulez la meule, et pour cela rien n'est plus facile que de tourner ou de faire tourner un bloc convenable de sapin bien sec. On place l'émeri sur une tôle de fer chauffée à quelque 100 degrés, et on enduit la roue de bois, dans toute la partie qui est destinée à meuler, d'une couche de bonne colle forte ; puis aussitôt on roule cette surface cylindrique enduite ainsi sur l'émeri chauffé, qui se colle en séchant presque immédiatement. Quand cette couche semble bien sèche, on brosse la surface émerisée, et on recommence l'opération une ou plusieurs fois suivant ce qu'on veut obtenir de la roue.

Mica (Ciment transparent pour).

On le fait de 5 parties de verre finement pulvérisé, de 4 p. de borax, de 8 de silice amorphe et de 200 p. d'oxyde de zinc. On mouille, au moment de l'emploi seulement, d'une solution forte de chlorure de zinc.

Mica (Nettoyage du).

Tous les objets de mica, et en particulier les verres et plaques exposés aux flammes ou au gaz, peuvent être nettoyés comme suit. On les rince d'abord soigneusement dans du vinaigre, puis on les lave à l'eau pure et froide.

Miroirs.

(V. *Argentage*).

Montres (Graissage des mouvements des).

Pour graisser les engrenages et mouvements des montres, on emploie ce qu'on appelle souvent l'huile des horlogers : on la prépare de façon assez simple. Dans une petite bouteille en verre blanc, on met un morceau de plomb absolument propre, puis on fait le plein avec de l'huile d'amande, ou même de l'huile d'olive absolument pure, et l'on expose au soleil derrière une vitre pendant un certain temps. Cette huile est bonne à employer quand il ne se dépose plus au fond une espèce de matière gélatineuse, l'huile étant devenue incolore et limpide par suite de ce traitement.

Mortier (Durcissement du).

On augmente le durcissement du mortier en le mêlant avec de l'eau sucrée à la place d'eau ordinaire, 5 à 6 kil. de sucre pour 100 litres d'eau suffisent,

En Amérique, on se sert du sang de bœuf délayé dans un tiers de son volume d'eau. La prise est plus rapide ; le mortier est plus dur et plus solide.

Moulages (Alliage pour).

Quand on veut faire des moulages, il est souvent important de posséder un métal, ou plutôt un alliage métallique aisément fusible à basse température. En voici une formule qui fond même en dessous de la température de l'eau bouillante. Il suffit de prendre 8 parties de bismuth, 5 de plomb et 3 d'étain ; on obtient des résultats encore meilleurs avec les proportions suivantes : 5 de bismuth seulement pour 3 de plomb et 2 d'étain.

Moulages en plâtre (Durcissement des).

Il est agréable de pouvoir durcir les moulages en plâtre, qui ne coûtent pas cher, mais ont le tort de se détériorer trop rapidement. On passe plusieurs fois à leur surface un liquide obtenu avec une dissolution d'acide borique dans de l'eau chaude, et additionné ensuite d'une bonne quantité d'ammoniaque liquide : on reconnaît que la proportion d'ammoniaque est suffisante à ce que le borate, qui se précipitait d'abord au fond du récipient, se dissout de nouveau.

Murailles.

(V. *Chaux*).

N

Nettoyage.

(V. *Cuivre.* — *Gravures.* - *Ivoire.* — *Plumes*).

Nickel (Enlèvement des taches de rouille sur le).

On laisse la surface de nickel enduite de graisse durant 3 ou 4 jours, et, au bout de ce temps, on frotte avec un chiffon trempé dans l'ammoniaque. Au besoin on pourrait passer sur le nickel un peu d'acide chlorhydrique, mais en frottant tout de suite après avec un linge.

Nickelage (Bain de).

Voici la composition d'un bain pour le dépôt d'une couche de nickel au moyen du procédé électrique. On prend 40 grammes de sulfate de nickel, puis 25 de chlorure d'ammonium, 10 d'acide borique et autant d'acide citrique ; on fait dissoudre dans l'eau, et l'on ajoute suffisamment de liquide pour faire un litre. Ce sont les proportions à suivre.

Noir de cordonnier.

Vous connaissez sans doute ce qu'on nomme le noir de cordonnier, ce noir qu'on emploie pour donner une teinte absolument inaltérable aux semelles, aux talons, aux harnais, à tous les objets en cuir en un mot : en voici la formule. On prépare une poudre en mélangeant bien 60 parties de vitriol vert déshydraté, puis 8 de bois de campêche finement pulvérisé, autant d'amidon, 4 de noir de Francfort, 3 de sel d'oseille, 1 environ de chromate jaune de potassium en poudre, et enfin autant à peu près de noir d'aniline soluble dans l'eau : toutes choses que vendent les marchands de couleurs et produits chimiques. Pour obtenir le liquide noir à étendre sur le cuir, on fait dissoudre 100 parties de cette poudre dans un litre d'eau.

Noir pour cuir.

Dans 3 litres d'eau on fait bouillir 250 grammes de bois de campêche, on additionne de 20 grammes de potasse, et l'on fait bouillir à nouveau jusqu'à dissolution complète. Puis on ajoute au liquide 50 grammes de vitriol vert en poudre et 40 grammes de chromate de potasse rouge en poudre, également. Après brassage et dissolution, puis refroidissement et décantation, on peut mettre en bouteille et garder jusqu'à utilisation.

Noircir les objets de fonte ou fer (Pour).

Pour une foule d'objets en fonte ou en fer, on se trouve bien d'employer ces enduits noir qu'on vend couramment pour les fourneaux de cuisine. On peut préparer un enduit liquide qui a ces mêmes qualités, et qui a la propriété précieuse de ne pas tacher les mains, en suivant la formule que voici. Dans 2500 grammes d'alcool, on fait dissoudre 120 de gomme laque en écailles, puis 140 de copal de Manille, 120 de résine, 25 de galipot (qui est une espèce de résine résiduaire), enfin 10 de benjoin, 50 de noir de fumée, et 15 grammes d'essence soluble de ce colorant qu'on nomme nigrosine.

Noircissement des objets en cuivre.

On les nettoie d'abord soigneusement, puis on les plonge dans le mélange suivant : 100 parties d'eau, 50 de chlorure ferrique et 5 de prussiate jaune de potasse ; naturellement il faut prendre garde à ces produits chimiques, qui sont dangereux. Quand l'objet a bien baigné dans le mélange, on le lave dans de l'eau pure, puis on le frotte d'huile de lin, et enfin on le polit avec un chiffon doux.

Noircissement des petits outils en acier.

Pour noircir les petits outils en acier, en formant à leur surface un oxyde qui les préserve de la rouille, on les polit d'abord, puis on les fait chauffer à une belle température, et on les trempe dans de la cire jaune fondue ; on fait alors flamber au feu la cire demeurée adhérente à l'outil, on plonge de nouveau dans le bain de cire, et ainsi de suite jusqu'à ce que l'outil ait pris une belle nuance noire brillante. On refroidit alors dans l'eau.

Noyer.

(V. *Bois*).

O

Optique.

(V. *Patine*).

Or faux.

Celui dont nous voulons parler sert principalement à la dorure, par transformation en feuilles sous le marteau du batteur ; mais on comprend qu'il peut être utilisé autrement. Sa composition varie de 77 à 85 de cuivre et de 23 à 15 de zinc. On peut aussi l'utiliser à faire de la poudre de bronze. On se trouve bien de le protéger au moyen d'un vernis.

Or.

(V. *Bijoux*. — *Dorure*. — *Soudure*. — *Vernis*).

Os blanc et de l'ivoire (Détachage de l').

Pour enlever la plupart des taches sur les objets en os blanc ou en ivoire, il suffit généralement de frotter avec un mélange de sel et de jus de citron, qu'on applique au moyen d'un linge de flanelle doux. On sèche ensuite en frottant avec de la farine.

Os jauni (Blanchiment de l').

L'os jauni, celui des manches de couteaux, par exemple, peut être blanchi à nouveau par un léger passage au papier de verre : mais il faut que celui-ci soit aussi fin que possible.

Os.

(V. *Blanchissage*).

Outils.

(V. *Noircissement. — Trempe*).

Oxydation de l'acier.

On peut recourir pour oxyder l'acier à un enduit fait de 50 parties de sublimé corrosif, 50 de chlorure d'ammonium et 1000 p. d'eau.

P

Paille.

(V. *Vernis*).

Palladium).

(V. *Soudure*).

Papier d'argent (Fabrication du).

Il n'est pas toujours aisé de se procurer du papier d'argent, comme on dit, des feuilles d'étain très minces, pouvant servir à envelopper les objets qui craignent l'air extérieur; on a bien la ressource de dérouler celui qui enveloppe le chocolat, mais, dans l'opération, on le brise presque toujours plus ou moins. On en peut fabriquer aisément, par suite de la faible chaleur de fusion de l'étain.

En réalité, on prend comme matière première de l'étain mélangé de 5 à 10 pour 100 de plomb ; on le met en fusion, puis, au moyen d'un entonnoir ayant un tuyau très allongé, on le fait couler en nappe mince sur une toile bien tendue, mais en pente, et enduite d'un mélange de craie et de blanc d'œuf, pour empêcher l'adhérence du métal au tissu. Avec une légère habitude, on arrive à obtenir des feuilles d'étain très minces

Papier calque (Préparation du).

Mélangez ensemble, à la chaleur du bain-marie, 25 grammes de baume de Canada et 125 grammes d'essence de térébenthine rectifiée ; puis, avec une brosse douce, enduisez la surface d'une ou plusieurs feuilles de bon papier fin. Ce mélange sèche rapidement, est très transparent, et ne tache pas les objets sur lesquels on l'applique.

Un bon papier calque improvisé pour copier un dessin, une carte géographique, etc., est celui que l'on obtient en l'enduisant de benzine ou d'essence minérale ; ces deux liquides s'évaporent complètement au bout d'un certain temps, et le papier qui en est imprégné, d'abord parfaitement transparent, revient ensuite à son état primitif. La benzine offre un inconvénient : elle s'évapore trop vite et disparaît avant que l'on ait terminé sa besogne, pour peu qu'elle soit un peu longue ; on est donc obligé d'en imprégner la feuille à plusieurs reprises, ce qui oblige chaque fois de déranger son dessin. L'essence minérale s'évapore beaucoup plus lentement et n'offre pas cet inconvénient.

Cette benzine, que l'on trouve en abondance, depuis quelques années, dans le commerce, possède, comme les autres huiles volatiles et comme les huiles grasses, la propriété de donner au papier une transparence prononcée qui disparaît après la vaporisation du liquide. Cette propriété permet d'éviter, au moyen de la benzine, l'emploi du papier à calquer pour le dessin. Il suffit, en effet, d'étendre sur l'objet à copier et d'humecter de benzine, avec une éponge, la place où l'on veut calquer, pour rendre cette place transparente, et pouvoir y tracer, avec un crayon ou de l'encre de Chine, le dessin que l'on voit distinctement par dessous. La benzine ne tarde pas à se vaporiser entièrement, sans laisser aucune trace, et le papier redevient opaque.

Le dessin original n'est d'ailleurs nullement endommagé. Quant à l'odeur, qui n'est pas absolument désagréable, pourvu que le liquide ne soit pas trop impur, on peut en débarrasser le papier dans l'espace de quelques heures, pourvu que l'on ait soin de l'aérer et de le chauffer.

Papier d'emballage imperméable.

Voici une formule qui permettra de préparer un papier d'emballage imperméable, capable de braver les intempéries et les coups de mer ou la pluie des voyages au long cours. On fait dissoudre 1 kilogramme de savon dans 1 litre et demi d'eau, puis 100 grammes de gomme arabique et 350 grammes de colle en petits morceaux dans 2 litres d'eau.

Ces deux solutions sont bien mélangées à chaud : on y trempe alors le papier d'emballage ordinaire, puis on le fait bien égoutter et sécher en le suspendant dans un lieu sec.

Papier imperméable.

C'est un succédané du parchemin. On l'obtient en immergeant du papier de soie dans une solution aqueuse de gomme laque et de borax. On fait sécher à l'air libre, puis on passe par-dessus un fer chaud.

Papier ininflammable.

Il suffit, pour rendre le papier ininflammable, de le tremper dans une forte solution saturée à froid d'alun, et de le faire sécher.

Papier à inscriptions effaçables.

On peut préparer aisément du papier à service perpétuel-

Prenez du beau papier fort ou carton bien uni, du parchemin vrai ou artificiel, si possible. Sur chaque feuille, passez uniformément une ou deux couches d'un vernis gras incolore auquel vous ajouterez plus ou moins d'essence de térébenthine, selon qu'il s'agira d'en augmenter la fluidité et la siccativité.

Faites sécher chaque couche à l'étuve ou dans un milieu d'air chaud. Puis polissez avec de la poudre très fine de pierre ponce et un chiffon de laine, de façon à faire disparaître entièrement le brillant du vernis.

Le papier, ainsi rendu mat, sera prêt à recevoir toutes sortes d'écritures, de dessins, de traits, au crayon, au lavis ou à l'encre, et il suffira, pour le ramener à sa blancheur primitive, d'effacer le tout avec un linge ou une éponge légèrement imbibée d'eau.

Papier au métal (**Pour fixer le**).

Entre le papier et la surface métallique, loger tout simplement une feuille mince de gutta percha de la grandeur du papier à coller ; on place sur celui-ci une autre feuille de papier qui servira seulement comme protecteur, puis on passe par-dessus le tout un fer à repasser très chaud : la gutta est fondue partiellement et forme ciment entre le papier et le métal.

Papier mouillé (**Pour couper le**).

Cela se présente surtout pour les épreuves photographiques, mais peut être utile aussi dans d'autres circonstances. Le papier se moque des ciseaux, des canifs et des pointes. Alors ?... Il faut y renoncer à tout jamais ?... Non point, et voici une méthode grâce à laquelle on réussit à couper, à la pointe ou au canif, toute épreuve mouillée et quel que soit son degré d'humidité.

Pour atteindre à ce but, avant de mettre le calibre sur l'épreuve, intercaler entre l'épreuve et le calibre une feuille de papier paraffiné. L'épreuve est coupée, sans déchirure ni accroc, en même temps que le papier paraffiné. C'est d'autant plus simple que beaucoup de papiers photographiques sont enveloppés de papier paraffiné.

Papier de tenture (Réparation du).

Pour réparer une déchirure à du papier de tapisserie, il faut évidemment chercher un morceau de papier dont les dessins puissent se raccorder avec ceux de la partie de tenture à réparer ; mais il importe au premier degré, pour que le raccommodage paraisse aussi peu que possible, de ne point couper nettement les bords de la pièce à poser : il faut les déchirer suivant une ligne irrégulière, en tenant le papier de la main gauche, et en tirant de la main droite, placée en dessus de la feuille de papier, afin qu'il ne reste pas le long de la déchirure une ligne blanche résultant de ce que le papier se déchire toujours dans son épaisseur.

Papier transparent.

Pour donner au papier la transparence du verre, on prend du papier de chiffon, mince, bien homogène, et on le fait tremper pendant quatre jours dans une dissolution limpide de benzine, gomme dammara, gomme résine et caoutchouc en parties égales. Au bout de ce temps, le papier est séché lentement.

Papier.

(V. *Collage.* — *Décalquer.* — *Incombustibilité.* — *Transparence*).

Parquets et boiseries (Vernis pour).

Pour les parquets sur lesquels on ne passe pas souvent, qui ne sont pas soumis à un frottement répété des pieds, et aussi pour les cloisons de bois que l'on rencontre maintenant assez souvent à la campagne, on peut avoir intérêt à recourir à un vernis pour parquets qui est assez employé en Allemagne. On le compose avec 100 parties de gomme-laque en écailles, qu'on fait fondre dans 200 à 250 parties d'alcool (dénaturé comme de juste) ; on ajoute 1 à 2 parties de baume de copaïba, ou tout simplement de térébenthine de Venise. On peut colorer, si besoin est, avec un peu de terre d'ombre ou d'ocre.

Patinage argenté du bois.

Nous recommanderons le procédé suivant pour donner au bois une patine gris argent, qui est fort de mode actuellement. On fait dissoudre 1 partie d'acide pyrogallique (acide bien connu des photographes) dans 25 parties d'eau tiède, et on enduit le bois du liquide ainsi obtenu. On laisse sécher, et, pendant ce temps, on prépare une solution de 2 parties de vitriol vert dans 50 parties d'eau bouillante ; on passe ce nouvel enduit par-dessus le premier, et l'on a ainsi la teinte gris argent désirée.

Patine marbrée pour cuivre.

Il s'agit tout simplement d'oxyder certaines parties de

la surface métallique, en laissant les autres intactes. Et pour cela il suffit d'asperger le cuivre ou l'alliage de cuivre de borax. Si on fait ensuite chauffer au rouge, l'oxydation sera prévenue là où il y a du borax, et au contraire aux autres endroits se manifestera une couche d'oxyde noir ; si du reste on cherche à obtenir une marbrure rouge, on enlève cet oxyde ; on découvrira l'oxyde rouge, et l'effet sera obtenu dans d'autres conditions, par rapport aux parties protégées par le borax, qu'on aura débarrassées du borax par polissage et qui laisseront apparaître le cuivre avec sa couleur naturelle.

Patine noire des appareils d'optique.

On mélange une solution forte de nitrate d'argent avec une solution de nitrate de cuivre, on trempe les pièces à noircir dans la mixture composée, et l'on chauffe jusqu'à obtention de la couleur désirée.

Patine noire du cuivre.

La patine noire du cuivre lui donne une assez jolie apparence, et permet en outre de l'entretenir facilement. Voici une recette bien simple pour obtenir cette patine, qui n'est en réalité qu'une oxydation superficielle. On la réalise en enduisant d'abord de suif les objets à oxyder, puis on les expose à la fumée d'une torche de résine. On n'a plus ensuite qu'à essuyer pour enlever la fumée qui peut s'être déposée, et à laisser sécher.

Patine rouge sur cuivre et alliages de cuivre.

Faire d'abord chauffer au rouge l'objet de métal, préparation nécessaire donnant les oxydes voulus ; puis, après refroidissement, nettoyer de manière à enlever seulement l'oxyde superficiel, qui est de l'oxyde de cuivre noir, et laisser paraître l'oxyde rouge qui est dessous.

Patron (Encre à décalquer au).

On prépare une sorte de vernis avec 60 grammes de gomme arabique, 15 gr. de glucose, 6 à 7 gr. de borax en poudre et même quantité d'alun pulvérisé, le tout dans un demi-litre d'eau bouillante. On dissout du reste tout d'abord la gomme dans l'eau. On laisse refroidir et l'on filtre, pour ajouter ensuite 15 grammes de glycérine. C'est ce liquide qui sert à préparer l'encre de la couleur que l'on désire, encre qui se présente en réalité sous forme d'un pain pulvérulent. On additionne le liquide, pour une encre noire, de 450 grammes de baryte grise, 300 de craie, 90 gr. de noir de fumée et 15 gr. de noir au carbone américain.

Peinture résistant aux acides.

Celle que nous indiquons plus particulièrement est grise, mais le principe serait le même avec un autre colorant. A 3 1/2 kgs de céruse dans l'huile on ajoute 120 grammes de noir au carbone dans l'huile également ; on éclaircit avec un mélange de 2 parties de vernis au copal, d'une de térébenthine, d'autant d'or couleur et d'une partie également de terebene. Cet enduit s'applique admirablement sur le bois.

Peinture ardoisée.

Prendre 75 grammes de gomme laque et autant de sandaraque ; on fait dissoudre le tout dans un litre d'alcool à

90°, puis on additionne de 40 grammes de noir de fumée, de 8 de bleu de Prusse et de 150 d'émeri diamant en poudre. Cela peut s'appliquer au pinceau, et en couches successives croisées, aussi bien sur le carton que sur le bois. On laissera toujours sécher une couche avant d'en étendre une seconde.

Peinture (Pour empêcher de s'écailler la).

Lorsque des surfaces peintes, de bois ou de métal, doivent être exposées aux intempéries, il est bon de les laver à fond, tout d'abord, puis de les garnir d'une couche d'huile de lin bouillante qui constitue une sorte de vernis préparatoire. De la sorte, la peinture ne s'écaille jamais ; le procédé est à recommander principalement pour les objets en fer ; si ceux-ci sont de petites dimensions et peuvent être convenablement chauffés, il est préférable de les chauffer au préalable et de les plonger ensuite dans l'huile de lin. L'huile bouillante, en pénétrant dans les pores du métal, en chasse toute l'humidité, et la couche de couleur que l'on applique ensuite adhère si fortement que ni le froid, ni la pluie, ni le vent ne peuvent l'entamer.

Peinture (Enlèvement des taches de).

Pour enlever les taches de peinture sèche ou non sur les étoffes, on se trouve très bien d'employer un mélange en parties égales d'ammoniaque et d'essence de térébenthine ; on imbibe la tache deux ou trois fois de ce mélange, puis on passe l'étoffe à l'eau de savon.

On enlève aussi la peinture des tapis et des draperies avec du chloroforme. Saturez de chloroforme l'endroit taché, laissez-le pendant une demi-heure couvert, et brossez.

Le liquide dissout l'huile de la peinture, en laissant une poudre qui d'ordinaire s'enlève. Toute tache disparaît ainsi, à moins que l'étoffe ne soit excessivement délicate. Dans certains cas, on est obligé de répéter l'opération plusieurs fois.

Peinture contre l'humidité.

Elle peut servir pour le bois comme pour la pierre. Avec de la térébenthine, on mélange de la chaux vive, de la craie, et la couleur minérale que l'on veut donner à l'enduit ; on ajoute de l'huile de lin bouillie, ce qui donne une pâte. On broie cette pâte finement, et l'on verse et amalgame du galipot et de la résine dissous dans de la benzine. Les proportions voulues sont obtenues par tâtonnement.

Peinture sur plâtre.

La peinture sur le plâtre est un problème difficile, mais non pas impossible à résoudre. Voici comment il convient de procéder : on donne d'abord une impression à l'huile, avec de l'ocre jaune qui pénètre bien dans le plâtre sec. Par-dessus, on donne une seconde couche d'ocre mêlée de blanc : voilà la muraille préparée. Lorsqu'elle est bien sèche, il est bon de lui donner deux ou trois couches d'huile bouillante. On lui donne alors deux impressions successives : l'une à l'ocre rouge mélangée avec du blanc de craie, l'autre avec de l'huile cuite, de la litharge et un peu de cire fondue. Dans les endroits très bas et très humides, cette dernière impression doit être remplacée par un mélange d'essence d'aspic, de litharge et de copal.

Le plâtre ainsi peint est sensiblement inaltérable à l'eau et aux agents atmosphériques.

Peinture.

Voici une peinture résistant à la chaleur recommandée pour les tuyaux de poêles, tuyaux d'échappement, etc. On prend 1 1/2 kg de noir de fumée, autant de graphite, puis 450 grammes d'oxyde noir de manganèse, un demi-litre de vernis japonais, 3/4 litre de térébenthine et un demi-litre d'huile de lin bouillie. Le graphite doit naturellement être pulvérisé.

Peinture et le vernis (Pour enlever la vieille).

Pour enlever la vieille peinture et le vernis des objets en bois, il faut y appliquer un liquide fait de 2 parties d'ammoniaque mélangées avec une partie d'essence de térébenthine, le mélange devant être vigoureusement secoué avant emploi. On le laisse mordre et attendrir l'enduit, qu'on peut ensuite enlever facilement par grattage ou même frottement.

Peinture et vernis (Liquide à nettoyer pour).

On se trouve assez bien de la composition suivante: 450 grammes de terre à foulon, 110 gr. de savon mou, autant de soude; on mélange avec de l'eau bouillante, de manière à obtenir une pâte fluide, et l'on ajoute, pendant que cela refroidit, 110 grammes de chaux.

Perçage d'un trou dans une lame d'acier trempée.

Il faut que la lame soit relativement mince, mais elle n'a pas besoin d'être détrempée; le procédé réussit particulièrement bien pour les lames de scies. On prend une pince de forgeron, et, tandis qu'elle est bien fermée, on y perce un trou du diamètre voulu pour le trou à percer dans la lame ; puis on saisit la lame, on appuie la pince sur une enclume, on maintient solidement le tout, on introduit dans le trou de la mâchoire de la pince qui se trouve en haut un poinçon convenable; puis on donne un coup de marteau sec et énergique ; et, sous le choc, une rondelle se détache de la lame.

Perles décolorées.

Elles se décolorent ainsi souvent sous l'influence de la transpiration. On fait bien alors de les laver dans de l'eau tiède contenant un peu de savon, en les séchant ensuite rapidement à la sciure de bois ou à l'alcool ; on peut aussi les faire bouillir 15 minutes dans du lait.

Perles.

(V. *Bagues*).

Pétrole (Nettoyage des récipients à).

Tout le monde a, quelque part dans la maison, une lampe à essence ou à huile de pétrole. Il faut constamment aussi nettoyer les récipients qui ont contenu ces liquides : lampes, burettes ou bidons. Ce n'est pas chose aisée. Le mieux est de préparer avec de la chaux éteinte et de l'eau un lait de chaux léger ; en rinçant bien avec ce lait de chaux le récipient sali, il se forme, entre lui et le pétrole, une émulsion savonneuse qu'il est facile d'évacuer. On peut, de plus, enlever toute trace d'odeur au récipient et accélérer beaucoup l'opération, en faisant tiédir le lait de chaux et en y ajoutant une petite quantité de chlorure de chaux.

Phonographes (Remise à neuf des cylindres de).

Il peut être désirable de remettre à neuf les cylindres phonographiques, c'est-à-dire d'effacer les incriptions qu'ils portent pour y inscrire quelque chose de nouveau. Pour cela, faire tourner le cylindre à la main, en y appliquant une flanelle ou une peau de chamois enduite d'essence de térébenthine. La térébenthine dissout une mince couche superficielle de cire, et fait disparaître toutes les rayures creusées par le style du phonographe. Il faut ensuite procéder à un nettoyage complémentaire avec de l'alcool dénaturé du commerce sur une peau de chamois. On frotte finalement à sec, pour rendre au cylindre tout son brillant.

Photographie.

(V. *Encre*).

Pianos

(V. *Vernis*).

Pierre (Pour refaire les arêtes brisées d'un morceau de).

On se procure de la pierre de même nature que celle qui formait l'arête ou le coin brisé ; on la pulvérise bien, puis on en fait une pâte avec un mélange de 250 grammes de gomme laque en écailles blanchie dans un demi-litre d'alcool. On emploie une partie de cette solution à donner une ou deux couches sur la surface de la pierre où l'on veut refaire le coin, la partie manquante, et l'on applique la pâte de poudre de pierre avec un morceau de bois taillé en spatule. Quand cette partie rapportée est presque sèche, on la saupoudre de pierre pulvérisée, qui adhère à cette sorte de mastic, et on presse un peu avec le morceau de bois pour la faire tenir ; cela donne extérieurement la coloration du reste de la pierre.

Pierre.

(V. *Ciment.* — *Mastic*).

Pinceaux (Nettoyage des).

Lorsqu'un pinceau, servant au vernissage ou à la peinture à l'huile, se sera desséché et que les poils adhéreront les uns aux autres, même après une année, on nettoie complètement ce pinceau, le rendant comme neuf en quelques minutes, en le plongeant entièrement dans de l'alcali volatil (ammoniaque) et le travaillant pour séparer et assouplir les poils.

Plafond (Peinture des).

Pour repeindre un plafond, vous pouvez opérer avec la préparation suivante. Vous prenez un kilogramme de blanc d'Espagne en poudre, que vous mettez dans un récipient métallique, et sur lequel vous versez assez d'eau pour le recouvrir ; vous avez fait chauffer, d'autre part, 500 grammes environ de colle forte dans deux litres d'eau, et jusqu'à dissolution complète. Alors vous versez cette solution sur le blanc d'Espagne, et finalement vous mélangez bien, en ajoutant pour quelques centimes de bleu d'outre-mer, les plafonds étant toujours un peu bleuâtres. Avant d'appliquer avec une grosse brosse à poils mous, il faut laver bien soigneusement le plafond à l'eau pure et avec cette même brosse.

Platine.

(V. *Soudure*).

Plâtre (Durcissement du).

Il suffit de mêler intimement de 2 à 4 p. c. de racine de guimauve, en poudre fine, avec le plâtre de Paris, pour en retarder la prise, qui ne commence alors qu'au bout d'une heure. Ce plâtre ainsi préparé peut, après dessiccation, être scié, limé ou tourné, et servir à des dominos, des dés, des joyaux, des tabatières. Si l'on porte à 8 p. c. la proportion de la racine de guimauve, on retarde encore la prise, mais on augmente la dureté de la masse.

Cette composition, encore molle, peut être laminée au moyen d'un rouleau sur un morceau de glace, et donner ainsi des feuilles minces qui ne se fendent jamais en séchant, et que l'on peut ensuite détacher et polir par le frottement.

Ce mélange, quand on y incorpore des couleurs minérales ou autres, et qu'on le pétrit convenablement, donne de belles imitations de marbres ; il peut être peint après sa dessiccation, et même rendu imperméable par le polissage et le vernissage. Il constitue ainsi un lut excellent pour beaucoup d'opérations.

(2e Recette).

On met tremper les objets en plâtre à durcir dans un bain formé d'huile siccative, ou d'huile de ricin, de chènevis, de noix, dans lequel on a fait fondre soit de la colophane, soit de la résine qu'on appelle dammar, dans la proportion de 8 à 10 pour 100. Avant de les plonger dans ce bain, il faut sécher et chauffer ces objets à une température voisine de 80 degrés ; l'immersion doit se prolonger jusqu'à ce que le plâtre paraisse complètement imprégné d'huile, ce qui ne se produit parfois qu'après plusieurs heures. On expose ensuite les objets au grand air pendant une douzaines d'heures, en les abritant des poussières qui pourraient s'y coller, et on renouvelle enfin le bain, que l'on fait durer moitié moins de temps que la première fois ; on laisse finalement sécher, en étendant de l'huile au pinceau sur les endroits qui peuvent présenter des taches.

Plâtre (Pour faire tenir les clous dans le).

Voici un moyen bien simple pour faire tenir dans le plâtre les clous qui ont tendance à sortir, en effritant le plâtre du trou où ils sont enfoncés. On prend un peu de colle forte, de ces colles de poisson qu'on vend maintenant en tube, et, au moyen d'un bout de chiffon, on en enduit bien le clou, qu'on a retiré de son trou. On le remet alors en place, et si un peu de colle s'extravase au dehors, on l'enlève au moyen d'un petit linge mouillé. La colle sèche rapidement, son humidité étant absorbée par le plâtre, et le clou fait alors absolument corps avec celui-ci. On a conseillé parfois de simplement mouiller le clou, ce qui engendre de la rouille, et soude pour ainsi dire le clou au plâtre ; mais, dans ce cas, la formation de la rouille ne se fait qu'assez lentement, et il faut attendre, avant de se servir du clou, qu'il soit suffisamment rouillé.

Plâtre (Irisation du).

On sait que certaines couleurs d'aniline se prêtent à de brillants effets de décoration, quand on soumet leurs laques à l'action du chlore. On peut appliquer un procédé analogue pour donner les couleurs de l'irisation aux objets en plâtre, et on suit pour cela la marche suivante :

On enduit l'objet avec un vernis (solution de gomme laque dans l'alcool) jusqu'à ce que l'objet prenne une teinte brillante ; le vernis doit être assez fluide pour ne pas altérer la délicatesse des contours, le mieux étant une partie de laque résine contre 10 d'alcool. Quand l'objet est sec, on applique le vernis suivant :

Violet de méthyle, 5 parties. Gomme laque, 0,5. Térébenthine de Venise, 0,5. Alcool à 95°, 25.

Cette composition donne à l'objet une teinte cuivrée. Ceci fait, on le met dans une chambre munie de regards en verre, et on y introduit un plat contenant du chlorure de chaux, légèrement acidifié. Sous l'influence des vapeurs de chlore, la couleur du cuivre tourne d'abord au rose, puis au rouge sombre, au vert clair, et enfin au vert jaunâtre. Le passage d'une coloration à l'autre arrive si rapidement, qu'en deux minutes le cycle complet de ces transformations est accompli ; aussi, faut-il agir promptement pour arrêter l'action du chlore au point précis de la coloration que l'on veut obtenir. La couleur ainsi donnée est irisée ; il semble qu'elle se conserve longtemps.

Plâtre (Nettoyage des objets en).

Avec de l'eau tiède et de l'amidon finement pulvérisé on fait une bouillie un peu épaisse. On étend la bouillie quand elle est chaude sur le plâtre au moyen d'une brosse douce ou d'une spatule, en la faisant pénétrer partout ; la couche doit être assez épaisse, et l'opération rapidement menée. On attend ensuite que l'enduit sèche. Et c'est quand il se dessèche, se fendille et s'écaille, qu'il tombe peu à peu ; et en tombant il entraîne avec lui toutes les souillures qui salissaient la surface du plâtre.

Plâtre.

(V. *Ivoire.* — *Moulages.* — *Peinture.* — *Statuettes*).

Plumes (Nettoyage des).

Moyen simple de nettoyer les plumes dont s'ornent les chapeaux des dames. Les plumes blanches ou de teinte claire peuvent se laver dans la benzine sans qu'elles perdent leur frisure ou leur teinte ; on les agite ensuite à l'air jusqu'à ce qu'elles sèchent. Le lavage des plumes blanches peut aussi se faire dans de l'eau chaude savonneuse ; on rince ensuite trois fois, on passe dans une solution d'acide oxalique, et on empèse légèrement.

Polir l'argent (Poudre à).

On pulvérise et l'on mélange bien ensemble 60 grammes d'alun, autant de crême de tartre et 80 grammes de blanc d'Espagne Pour employer, il faut ajouter un peu d'eau pour faire une bouillie que l'on applique sur l'argent avec un chiffon.

Polir les métaux (Liquide à).

Mélanger intimement 4 parties en poids de craie préparée, autant de paraffine, 6 p. d'huile bien limpide et 1 p. d'acide oléique ; puis ajouter au tout quelques gouttes d'essence de mirbane.

Polir (Pâte à).

Elle convient pour le métal, et même pour les dorures des tableaux. On travaille et malaxe soigneusement ensemble 5 kilogrammes de craie pulvérisée ou plutôt lévigée, pour qu'elle soit aussi fine que possible, puis 5 kilogrammes de chaux de Vienne en poudre, 5 également de bol en poudre et de cendres de bois en poudre, autant de rouge d'Angleterre aussi fin que possible, et 5 kilogrammes de savon en poudre. Il faut incorporer à tout cela de l'alcool en quantité suffisante pour faire une pâte de consistance convenable.

Polir les métaux (Pâte à).

Vous pouvez fabriquer vous-même une pâte à polir les métaux qui fera concurrence à tous les « brillants » dont les annonees couvrent les murailles, en vous procurant, chez le marchand de produits chimiques, une partie de carbonate de soude desséché, puis 25 parties d'émeri en poudre extrêmement fine, ce qu'on appelle souvent de la farine d'émeri. Vous prenez en outre 4 parties de savon mou, vous mélangez bien, en ajoutant assez d'eau pour obtenir une pâte de bonne consistance.

Ou encore :

Mélangez bien à une partie de térébenthine une partie également de poudre d'émeri très fine, puis ajoutez deux parties de rouge de Paris, et enfin la même quantité de vaseline, et vous allez posséder une excellente pâte à polir les métaux.

Porcelaine (Ciment pour).

Dans une fiole convenable on enferme des morceaux de caoutchouc, finement coupés, pesant 25 grammes, et l'on verse par-dessus 60 grammes de chloroforme (il va de soi qu'on peut opérer sur des quantités plus faibles en respectant les proportions) ; on bouche la fiole et on laisse reposer jusqu'à ce que tout le caoutchouc soit bien dissous. On ajoute alors 15 grammes de cette gomme qu'on vend sous le nom de « mastic », et on laisse encore une fois reposer afin d'en assurer la dissolution. Pour recoller un objet en porcelaine brisé, on enduit de ce ciment les bords de la fracture, et on laisse presque complètement évaporer le chloroforme avant de les rapprocher ; on les met en contact alors et on serre étroitement le tout au moyen de ficelles. Quand le ciment commence à sembler sec sur la ligne de jonction on enlève alors au moyen d'un couteau l'excédent qui forme comme un bourrelet, puis on saupoudre le ciment, qui apparaît alors un peu frais par en dessous, d'une poudre blanche quelconque, oxyde de zinc, chaux, etc. ; et quand ensuite le tout a définitivement séché, qu'on a enlevé au pinceau l'excès de poudre qui pourrait demeurer, la jonction est aussi peu apparente que possible, même pour des yeux prévenus.

(2e Recette).

Mélanger 10 parties de caséine récemment préparée avec 20 p. de silicate de potasse soluble et 30 p. de silicate de soude également soluble (ce qu'on appelle verre liquide).

(3e Recette).

La pâte des réparateurs de porcelaine, de faïence, etc., est souvent composée d'une solution très épaisse de gomme arabique et d'eau, puis d'une quantité suffisante de plâtre de Paris pour faire une pâte de bonne consistance.

Porcelaine (Pour recoller la).

Pour recoller les objets de porcelaine ou de verre, on peut recourir à l'une des recettes suivantes. On prend, par parties égales, de l'eau bien pure et de l'alcool ordinaire, et ces deux liquides en quantité convenable pour délayer 60 grammes environ d'amidon et 100 grammes de craie pulvérisée soigneusement ; on ajoute encore 30 grammes de colle forte, et on fait bouillir le tout. Quand l'ébullition a été obtenue, on additionne encore de 30 grammes de térébenthine, en brassant bien pour que le mélange soit homogène.

(2e Recette).

Prend du blanc d'œuf, et avoir soin d'y incorporer une substance pulvérulente qui soit susceptible de composer le mortier voulu : quand on ne veut pas recourir à du verre pilé fin, on emploie du plâtre ou de la craie pulvérisée.

(3e Recette).

Faire fondre une cuillerée à café de colle de poisson dans une cuillerée également d'eau bouillante, et, après dissolution, additionner d'une autre cuillerée d'eau de Cologne. Cette colle s'applique au moyen d'un pinceau en poils de chameau, et sur les morceaux de l'objet à réparer, une fois qu'ils ont été chauffés devant le feu. Bien entendu, et comme toujours, on maintient les morceaux en contact jusqu'à ce qu'il y ait commencement de prise, et on laisse complètement sécher au frais.

Porcelaine au métal (Pour coller la)

Dans les mille petites réparations qu'on a souvent à faire aux objets qui nous entourent, on a parfoit besoin d'un ciment pour coller la porcelaine au métal.

On commence par prendre de l'alcool à 95 degrés, et par le couper d'eau en mélangeant parties égales des deux liquides ; puis, dans ce mélange, on délaye de la chaux finement pulvérisée et de l'amidon, aussi en parties égales et en quantité suffisante pour former une pâte molle. Le ciment est prêt.

Porcelaine

(V. *Scellements*).

Potasse (Pour combattre l'action de la).

Il s'agit de son action sur le bois, quand on l'emploie, plus ou moins en mélange, à enlever de la peinture sur des boiseries. On lave tout simplement les bois traités avec de l'acide acétique dilué ou du vinaigre, et en passant assez légèrement.

Pourriture du bois (Contre la).

C'est contre la pourriture du bois mis en terre que cette recette est bonne. Dans une fosse creusée en terre ou dans un bassin, on met le bois à traiter, puis on le charge de pierre, et l'on remplit le bassin d'eau, en y jetant une certaine quantité de chaux vive. On remue vigoureusement. On laisse tremper plusieurs semaines, et, au bout de ce temps, il est recouvert d'une couche imperméable.

Poussière (Pompe improvisée à enlever la).

Elle peut rendre des services dans une foule de métiers ou d'ateliers où il est nécessaire de faire sortir la poussière de recoins, de l'intérieur d'appareils de mécanismes, etc. On emploiera à cela une vieille pompe à bicyclette qu'on munira en haut d'un petit ajustage fixe, fait par exemple avec le bout recourbé d'une vieille burette à huile. De la sorte on soufflera violemment de l'air là d'où l'on veut chasser la poussière, comme dans des casses d'imprimerie, etc.

R

Réfrigérant (Mélange).

Cela peut toujours rendre service, dans une foule d'opérations, de traitements, etc. Mêler 12 parties de glace pilée, 5 de sel de cuisine, puis autant d'azotate d'ammonium.

(2e Recette).

Il n'y a qu'à verser un litre d'eau sur un kilogramme d'hyposulfite de soude et agiter le mélange ; le produit employé a le mérite de se trouver partout.

Relieurs.

(V. *Colle*).

Reliures (Remise à neuf).

On peut nettoyer les reliures salies par l'usage, même les cuirs de nuances délicates, en les passant doucement à la peau de chamois saupoudrée de ponce très fine.

Réservoir d'eau (Coaltarage d'un).

Pour les réservoirs de ce genre, on fait bien d'employer un mélange de goudron et de poix. On prend une partie de poix qu'on fait chauffer jusqu'à liquéfaction, et on la verse dans 3 parties de goudron en remuant bien. Il ne faut pas faire bouillir longtemps le tout, car cela entraînait une déperdition inutile.

Revêtement vitrifié pour les métaux.

Cela peut être fort utile dans maintes circonstances, puisque cela permettra de mettre la surface métallique absolument à l'abri derrière cette sorte de vernis d'un nouveau genre. C'est de l'émaillage, si l'on veut, mais un émaillage facile à mener à bien. On casse en petits morceaux 125 parties de ce cristal qu'on nomme flint glass, puis on ajoute 20 parties de carbonate de sodium et 12 p. d'acide borique ; on fait fondre toutes ces substances ensemble, et la matière pâteuse obtenue est versée sur une plaque de métal, où l'on la laisse refroidir pour la casser et la pulvériser soigneusement ensuite. On prend la poudre que donne ce traitement, puis on l'additionne de verre soluble formant une solution à 50° B., et en quantité suffisante pour donner un enduit d'application aisée : on l'étend à la surface du métal qu'on veut recouvrir du revêtement de verre, et l'on chauffe dans un moufle jusqu'à fusion, sans que du reste la chaleur ait besoin d'être fort élevée.

Rouille (Enlèvement de la).

Pour enlever la rouille, il suffit de frotter le métal qui en est atteint avec un chiffon de laine enduit d'un mélange fait d'une partie d'acide lactique et de deux d'huile d'aspic. La rouille disparaît rapidement, et il n'y a plus ensuite qu'à rendre le poli au métal en le frottant au papier d'émeri et au rouge d'Angleterre. On recommande de donner un dernier polissage à l'oxyde d'étain; mais il faut peu recourir à ce produit, qui est assez dangereux.

Pour dérouiller l'acier, employez le pétrole, cette précieuse substance qui répond à tant d'autres usages : on en enduit l'objet en acier, ou, ce qui vaut mieux quand cela se peut, on fait tremper cet objet dans l'huile minérale. On le frotte ensuite vigoureusement avec une flanelle, mais il ne faut pas craindre de longuement prolonger le bain bienfaisant.

Rouille (Enlèvement des taches de).

Dans les travaux de l'atelier on risque souvent les taches de rouille sur la chemise et le linge. On peut les enlever ensuite en saturant l'étoffe de jus de citron et de sel, l'exposant ensuite au soleil, et renouvelant l'opération si cela est utile.

(2e Recette).

Dans de multiples circonstances, des taches de rouille peuvent se produire sur le linge. Pour les enlever, on mélange dans un verre 5 grammes de sel d'oseille puis 5 également de jus de citron et 80 d'eau distillée. Pour traiter la tache, on y dépose un peu du liquide composé de la sorte, et l'on expose le linge au-dessus d'un vase en fer blanc où se trouve de l'eau bouillante, et que l'on maintient à la même température. On lave finalement à l'eau de savon.

(3e Recette).

Pour enlever les taches de rouille sur le coton ou sur la

toile, on prépare une poudre avec une partie d'acide oxalique (autrement dit sel d'oseille), puis deux parties de crème de tartre, et l'on applique un peu de cette poudre sur l'étoffe, qu'on a légèrement mouillée auparavant.

Rouille (Préservation des métaux contre la).

On fait dissoudre à froid 14 parties d'une résine (copal, colophane, etc.) dans 100 parties d'une soude caustique du poids spécifique 10.439, et l'on mélange cette dissolution avec une autre dissolution alcaline de glutine (produit extrait des lessives sulfitiques de la fabrication des pâtes de bois) dans la proportion de 3 à 7. Cette mixture est étendue sur la partie à protéger préalablement dérouillée, et on laisse sécher. On applique alors, sur l'enduit qui s'est formé, un vernis dont la composition est la suivante :

Huile de lin cuite avec protoxyde de manganèse	5,00 parties
Essence de térébenthine	2,25 »
Benzine	0,25 »

(2e Recette).

Voulez-vous préserver de la rouille un objet en fer ou en acier ? Après l'avoir bien nettoyé à la potasse, l'avoir gratté pour en faire tomber toutes les écailles, vous y passez à chaud une couche épaisse, et au besoin renouvelée, d'huile de lin que vous aurez fait bouillir (en prenant garde que votre cuisine ne prenne feu). Le procédé ne réussit absolument bien que sur des objets de métal qui sortent de la fabrique, parce que, autrement, la rouille peut avoir commencé son œuvre et continuerait sans doute ses ravages sous le revêtement huileux.

(3e Recette).

Pour les machines et objets analogues, on fait fondre 450 grammes de lard, dans lequel on dissout 30 grammes de camphre ; on écume, puis on y mêle assez de graphite finement pulvérisé pour obtenir la couleur du métal. On nettoie la pièce mécanique et on l'enduit de cette matière grasse ; on laisse 24 heures, puis on essuie en frottant avec un linge doux. Pendant des mois la mince couche qui en reste suffira à arrêter les ravages de la rouille.

(4e Recette).

Pour préserver les tuyaux de calorifère, des tuyaux de vapeur, préparez un enduit fait de 10 litres de lait, de 2 litres de silicate de soude et de 3 à 4 litres de ciment de Portland ; vous en garnissez bien les tuyaux, que vous recouvrez ensuite de paille, en noyant cette dernière dans du béton. Les tuyaux se conserveront pour ainsi dire éternellement.

(5e Recette).

Pour préserver les vis, il ne suffira pas pour cela de tremper les vis dans l'huile avant de les mettre en place, tout simplement parce que le revêtement huileux ainsi formé ne demeurera pas longtemps en place ; et pour réussir il suffit d'enduire les vis d'un mélange fait à chaud de suif et de graphite. Dans ces conditions les vis demeureront des années en place et ne seront pas atteintes par la rouille, tout en demeurant solidement dans leur siège, et en pouvant du reste se desserrer aisément.

Rouille.

(V. *Nickel*).

S

Scellements.

Voici une bonne formule pour les scellements, notamment en matière de serrurerie, pour fixer des tiges de fer dans de la pierre. Pour effectuer le scellement, on emploie un mélange de plomb et de soufre, substances que l'on fait fondre ensemble en prenant garde aux inflammations inopinées ; puis on additionne d'un tiers en poids de ciment Portland en poudre.

Scellement du fer dans la pierre.

Voici un alliage recommandé pour sceller le fer dans la pierre : on fait fondre à chaud une partie de zinc et deux de plomb, et on coule dans le trou de scellement.

Scellement de la porcelaine sur la fonte.

Pour sceller un récipient en porcelaine à un socle en fonte d'une façon hermétique, il suffit de garnir de ciment les deux parties qui doivent être scellées ensemble. Le ciment prend très bien sur la porcelaine et sur la fonte. Il faut avoir soin de former un bourrelet de plusieurs centimètres d'épaisseur, c'est-à-dire offrant une large surface au contact des deux pièces à réunir. Si l'assemblage n'avait à supporter aucun effort et devait se trouver garanti de toute humidité, on pourrait faire le scellement au plâtre. Mais, pour peu que l'assemblage soit exposé à l'humidité, il faut préférer le ciment.

On peut également mélanger par parties égales en poids de la chaux, du ciment romain, de la terre glaise et de la terre à briques. Après les avoir broyées et bien tamisées, on mélange ces matières avec de l'huile de lin, dans la proportion d'un demi-kilo d'huile pour trois kilos de mastic.

Sculptures sur bois (Polissage et nettoyage des).

On mélange 500 parties en poids d'huile de lin, autant d'ale, de bière claire si l'on veut, on ajoute du blanc d'œuf dans la proportion d'un œuf par 450 grammes d'huile, puis 32 parties d'esprit de vin et autant d'ammoniaque liquide. On secoue bien pour mêler. Pour nettoyer une vieille sculpture, on verse quelques gouttes de cette préparation sur un vieux linge, et on applique sur le bois. Puis on frotte avec de la soie. Bien boucher la bouteille contenant le mélange.

Sonnettes (Métal des).

Plusieurs formules sont employées, mais en voici une qui n'est pas très coûteuse, grâce à la proportion de cuivre relativement faible : 75 parties de cuivre et 25 parties d'étain.

Souder sans acide (Liquide à).

Dans 100 kgs d'eau bouillante (ou moins si l'on change

proportionnellement les autres quantités) faire dissoudre 20 kgs de chlorure de zinc, 10 de chlorure d'ammonium, et mettre dans un récipient de verre.

Souder (Fluide à).

Il est fort simple, et se prépare tout simplement avec un demi-kilo de chlorure de zinc dans 2 1/2 kgs d'eau bouillante.

Soudure de l'acier avec lui-même et avec le fer.

Voici l'indication d'une composition spéciale qui permet de souder l'acier avec lui-même et avec le fer, problème toujours difficile. On prépare, selon l'indication donnée par M. P. Herzog, de Peterswaldau, une poudre composée de 500 grammes de borax, 70 grammes de sel ammoniac, 70 grammes de prussiate de potasse, 35 grammes de limaille de fer non rouillée ; on pile et on mélange bien le tout dans un mortier, et on le verse dans un creuset en tôle ; on ajoute alors de l'eau, de façon à obtenir une bouillie épaisse, et on place le creuset sur un feu de bois, en remuant constamment. La matière extraite du creuset, après refroidissement, ressemble à de la pierre ponce veinée de vert et de gris. On la laisse refroidir, on la pulvérise et on s'en sert à chaud, pour le soudage des pièces, suivant les méthodes opératoires connues. Des tiges de piston, de 65 millimètres de diamètre, ont pu être soudées ainsi, d'une façon durable.

Soudure pour acier.

Elle répond aux cas où l'on ne veut pas élever considérablement la température du métal. On fait dissoudre des rognures d'acier fondu dans la plus petite quantité possible d'acide nitrique, puis on ajoute du borax finement pulvérisé et l'on remue bien pour obtenir une pâte homogène. On la dissout ou plus exactement dilue avec du sel ammoniac, et l'on met en bouteille. Pour souder, on applique une couche mince de la solution sur les deux morceaux de métal à unir, et, quand ils ont été portés au rouge ordinaire, on bat légèrement sur l'enclume.

Soudure pour articles de dentisterie.

Il faut naturellement en la matière éviter le cuivre. Le mieux est de se servir d'une soudure faite de 20 parties d'aluminium, de 4 d'argent, de 0,20 de platine et de 6 d'or.

Soudure à froid du fer.

Bien souvent on a besoin de souder deux morceaux de fer sans avoir la possibilité de les passer au feu pour opérer la soudure. Or, il existe, paraît-il, un moyen d'opérer cette soudure à froid ; nous ferons remarquer toutefois immédiatement qu'il faut pour cela recourir à un corrosif puissant qui est l'acide sulfurique concentré, dont l'emploi exige des précautions minutieuses. Pour mener à bien la soudure en question, il faut faire dans l'acide sulfurique un mastic composé de six parties de souffre, d'autant de céruse et enfin d'une partie de borax. On recouvre de ce mastic les extrémités des morceaux de fer à réunir, et on les presse assez fortement l'une contre l'autre. On laisse sécher une semaine environ, mais ensuite la soudure résistera au choc du marteau.

Soudure or et palladium.

On la compose de 70 à 90 o/o d'or et de 30 à 10 o/o de palladium. Les proportions totalisées devant varier naturellement inversement pour donner toujours le total 100. Cette soudure rend de grands services en bijouterie.

Soudure pour platine.

On peut effectuer la soudure du platine en recourant non pas au seul métal considéré, mais au moyen d'autres métaux présentant un point de fusibilité plus bas, et pourtant affectant sensiblement la même coloration et le même aspect. On a avantage à employer un mélange de 9 parties d'or et d'une partie de palladium, ou de 8 parties d'or et de 2 de palladium.

Statuettes en plâtre (Nettoyage des).

Les statuettes ou bustes en plâtre, quelques soins de propreté qu'on leur donne, se recouvrent assez rapidement de poussière, et prennent une coloration jaunâtre ou grise d'un mauvais effet. Voici le moyen de leur rendre une blancheur immaculée. On prend de l'amidon en poudre bien finement pulvérisé et bien blanc,et l'on en fait, à l'eau tiède, une bouillie ou pâte épaisse ; cette pâte, encore chaude, est étendue, avec une spatule pliante ou une brosse, sur l'objet en plâtre ; il convient d'en déposer une assez forte épaisseur. On laisse alors sécher lentement. En séchant, l'amidon se fend et s'écaille : on le fait tomber à l'ongle, et toutes les souillures du plâtre sont entraînées avec les écailles auquelles elles restent adhérentes. Ce nettoyage n'enlève rien à la finesse du modelé.

Suifs et graisses (Blanchissage des).

Ne pas exposer à la lumière, qui blanchit bien, mais entraîne souvent la rancidité. Faire fondre doucement la graisse ou le suif, sur feu peu ardent, puis y ajouter un cinquième en poids d'un mélange à parties égales d'eau et de kaolin. On brasse, puis on laisse se décanter ou plus exactement se séparer la matière graisseuse.

T

Tableaux.

(V. *Vernis*).

Taches d'encre sur le bois (Enlèvement des).

Pour enlever les taches d'encre du bois des meubles (au moins du bois de rose, de l'ébène, de l'acajou), on touche la tache d'une plume trempée dans un liquide fait de 6 à 8 gouttes de salpêtre dans une cuillerée d'eau. On frotte tout de suite après avec un chiffon mouillé d'eau froide.

Taches de goudron sur les mains.

On arrive à les faire vite disparaître en se lavant les mains avec de l'huile, qui dissout le goudron ; puis on peut se laver au savon pour enlever l'huile.

Taches d'huile sur les vêtements (Enlèvement des).

Sur les vêtements de laine en particulier, frotter sur la tache du lard bien frais, qu'on laisse deux ou trois heures ; puis étendre du savon par dessus le tout et laver à l'eau tiède.

Taches.

(V. *Chaux.* — *Graisses.* — *Peinture).*

Tampons à timbres (Durcissement des).

Pour faire disparaître ce durcissement, qui résulte de ce que les encres restant plus ou moins au contact de l'air, finissent par se solidifier, on imbibe le tampon légèrement, à plusieurs reprises, d'essence de térébenthine ou minérale, et même, à défaut d'essence, de benzine très fluide.

La dissolution du corps gras s'opère. Lorsqu'elle a eu lieu, on charge à nouveau d'encre le tampon, qui se trouve ainsi apte à reprendre son service.

Tapisseries.

Pour diminuer le nombre des mouches qui viennent se poser sur les papiers de tenture et les salir, on se trouve bien avant d'appliquer les papiers, de bien laver les murailles, puis d'y passer largement un liquide fait d'un quart de litre d'esprit de sel dans un seau d'eau.

Teinture du bois en acajou.

Pour donner au bois l'apparence de l'accajou, voici une recette. Dans 600 parties d'alcool, vous faites dissoudre 30 parties de sang-dragon ; puis 22 parties et demie de soude. Vous filtrez la mixture et vous en frottez la surface du bois à traiter, après toutefois que vous l'aurez enduit d'une certaine quantité d'acide nitreux. Pour ce dernier produit, je n'ai pas besoin de dire de l'employer avec précaution.

Teinture du bois en ébène.

Dans 27 kgs d'eau, on fait dissoudre 2 1/2 kgs de gomme laque rouge en écaille bien broyée, puis 1,55 kg. de borax pulvérisé,etenfin 0,45 kg. de couleur noire d'aniline.

Teinture en noir du bois de poirier.

Le bois du poirier est employé assez souvent pour les meubles, et il est d'un joli effet ; quand on est désireux de teindre en noir ce bois, on peut obtenir facilement ce résultat en mélangeant deux parties de noix de galle pulvérisée avec 45 parties de vin ordinaire ; on laisse le mélange se faire intimement pendant quelques jours dans une atmosphère chaude. On transvase ensuite le liquide, en le passant au besoin, et on y ajoute une quantité d'eau égale à son propre volume ; on étend cet enduit sur le bois à teindre, puis par-dessus, une couche d'une solution de vitriol. La coloration est très jolie, elle imite même parfaitement l'ébène si on encaustique le bois ainsi passé en teinture.

Timbres en caoutchouc (Imitation de).

On commence par se faire un moule en plâtre de Paris, sur un timbre existant ou une matrice faite au composteur ou en bois; dans ce moule, on coule la composition suivante. On prend 7 kgs environ de colle-forte, 5 de mélasse et enfin 2 de glycérine, On a dû commencer par faire tremper la colle forte ou gélatine, et c'est quand on l'a fait fondre qu'on y incorpore le reste. On fait bouillir le tout et l'on coule quand c'est un peu refroidi.

Timbres.

(V. *Encres*).

Tissus (Conservation des).

On recommande un enduit de cette essence de bouleau qui sert à parfumer les cuirs de Russie, pour conserver les tissus : cet enduit résineux forme un revêtement d'un vernis très élastique, inaltérable aux acides, insensible à l'action de l'eau de mer ou aux attaques des insectes.

Tissus.

(V. *Imperméabilisation*).

Toile à calquer (Détachage de la).

Pour enlever les taches en général, et notamment les marques de crayon, sur la toile à calquer, le mieux est de se servir de benzine qu'on applique avec un petit chiffon : ce traitement a l'avantage de ne pas attaquer l'encre de Chine, et par conséquent on peut détruire les traits de crayon parasites qui ont été tracés primitivement sur un dessin, et qui sont devenus absolument inutiles. On doit ensuite frotter les endroits traités à la benzine avec un peu de talc, car autrement la plume n'y prendrait plus s'il en était besoin.

Toiles cirées (Revernissage des).

On fait bouillir 30 parties d'huile de lin avec 10 parties de litharge et d'une partie d'oxyde de manganèse. L'ébullition est maintenue jusqu'à ce que la vapeur soit devenue très épaisse. On retire alors du feu, et l'on ajoute trois parties de cire blanche et autant de gomme laque. Les parties sont en poids.

On active et on favorise le mélange, en remuant avec une spatule,

Quand on veut appliquer ce vernis, on le fait bouillir de nouveau en l'additionnant d'huile de lin jusqu'à liquéfaction convenable, et on passe successivement plusieurs couches sur les surfaces à vernir. On fait sécher à la chaleur, s'il en est besoin.

Cette composition peut s'employer pour les cuirs.

Toile.

(V. *Imperméabilisation*).

Tournesol (Papier de).

Un chimiste a inventé, pour la préparation du papier de tournesol, un procédé qui permet d'obtenir une réaction très nette. Du tournesol cubique, du commerce, est traité par l'eau distillée dans un percolateur, et l'extrait évaporé jusqu'à obtention du poids du tournesol employé, est mêlé à trois fois son poids d'alcool à 90° centésimaux. Le mélange est ensuite acidulé au moyen d'acide hydrochlorique et laissé en repos pendant deux jours. Il se précipite de l'azolitmine sous forme de flocons bruns, la matière colorante violet foncé reste dissoute dans la liqueur mère alcoolique.

Le précipité, recueilli sur un filtre, est lavé deux ou trois fois avec de l'eau acidulée, jusqu'à ce que la liqueur faiblement colorée en rouge qui traverse le filtre donne une nuance bleu pur sous l'action de l'ammoniaque. L'azolitmine restée sous le filtre est alors dissoute dans de l'eau distillée contenant quelques gouttes d'ammoniaque ; la solution, diluée à trois fois et demi le poids du tournesol employé au début de l'opération, est exactement neutralisée et mêlée à 10 p. c. d'alcool pour en faciliter la conservation. Ainsi préparée, la teinture est un excellent indicateur, son passage du rouge au bleu et vice versa étant d'une netteté parfaite.

Transparence au papier imprimé, aux gravures, etc. (Pour donner de la).

On fait dissoudre de très bonne et très fine gélatine blanche dans de l'eau distillée, et l'on applique la solution sur la face de l'imprimé que l'on veut rendre transparent, en étendant bien également, et en se servant pour cela d'une brosse plate en poils de chameaux. On retourne alors le papier imprimé la face en bas sur une feuille de verre, et l'on presse énergiquement et maintient en place. Quand le tout sera sec, le papier aura pris la transparence voulue.

Trempe des petits outils.

Voici une recette qui sera peut-être la bienvenue pour ceux de nos lecteurs qui se livrent à de petits travaux où ils ont besoin d'outils bien trempés. Pour préparer le bain de trempe d'un de ces outils en acier, on mélange intimement 4 parties de résine, 2 parties d'huile de baleine, et on additionne le tout d'une partie seulement de suif chaud. On fait chauffer l'outil au rouge cerise, puis on le trempe dans le bain et on l'y laisse se refroidir. Ensuite, et sans l'essuyer, on le remet dans un feu modéré.

Tuyaux.

(V. *Rouille. — Préservation*).

V

Vernis blanc pour bois.

Voici le moyen de préparer un vernis blanc pour le bois, faisant concurrence aux fameuses peintures dont l'usage est si répandu. Dans un demi-litre environ d'alcool, on fait dissoudre, en brassant à chaque instant, 225 grammes de laque blanche et 10 grammes environ de borax finement pulvérisé. Quand le mélange est homogène et la dissolution parfaite, on filtre à travers de la mousseline, et l'on peut employer.

Vernis à bronzer.

Si vous voulez vous composer vous-même un bon vernis pour bronzer, vous n'avez qu'à acheter de la gomme-laque, puis à en faire dissoudre cent parties dans autant de parties d'alcool ; vous délayez ensuite une partie de poudre à bronzer dans quatre parties du mélange que vous aviez ainsi préparé préalablement. Nous n'avons pas besoin de rappeler que l'on trouve partout de la poudre à bronzer.

Vernis au celluloïd.

Faire digérer dans un récipient fermé durant plusieurs jours, en secouant de temps à autre, 2 parties de celluloïde incolore dans 20 p. d'acétone (ce qui donne un ensemble essentiellement inflammable). On reprend quand il s'est formé une masse claire et épaisse. On mélange de 78 parties d'amylacétate et on laisse se clarifier durant des semaines, par précipitation.

Dorer les métaux (Vernis à).

Vous pouvez assez facilement vous fabriquer vous-même un vernis pour dorer les métaux. Vous mélangez avec 1250 grammes d'alcool, et vous laissez reposer quelques jours, 190 grammes de laque en grains, 60 de succin, 2 d'extrait de santal rouge, 40 de sang-dragon, 2 de safran, 5 de gomme-gutte (toutes choses que vous pouvez vous procurer aisément chez un marchand de couleurs) ; il est même bon d'ajouter 100 grammes de verre finement pulvérisé, que vous obtiendrez avec des débris de verre quelconque, et vous ferez bien d'additionner encore de 1/2 pour 100 d'acide borique. Avant d'employer ce vernis, il faudra le filtrer.

Vernis élastique pour cuir.

Le cuir, une fois verni, a une très jolie apparence, et il a surtout cet avantage précieux que son nettoyage est étrangement facilité, puisqu'il peut être assuré par le simple passage d'un chiffon très légèrement imbibé de pétrole. Mais, par contre, la surface polie qu'a donnée le vernissage montre une tendance déplorable à se craqueler ; pour éviter cet inconvénient, il faudrait trouver un vernis élastique pour le cuir. Voici une formule qu'on nous a recommandée comme répondant parfaitement à ce besoin. On fabrique ce vernis précieux en faisant dissoudre, dans 900 parties d'alcool à 90 degrés, 30 parties de colophane, autant de térébenthine épaisse, la même quantité également d'essence de térébenthine, 60 de sandaraque, le double de laque en écailles. Quand tout est bien dissous et mélangé, on filtre, on colore au besoin, en noir en ajoutant 15 parties de noir de fumée, en blanc avec du blanc de zinc, et il n'y a plus qu'à employer.

Vernis (Enlèvement des taches de).

Les taches de vernis sont fort désagréables, en ce sens qu'elles forment presque instantanément une véritable croûte qu'il ne faut pas songer à enlever sans arracher l'étoffe même qui est dessous. Or, sur les tissus de laine et de coton tout au moins, on réussit bien à les enlever en les lavant tout d'abord avec une éponge saturée d'essence de térébenthine, puis avec de l'eau de savon tiède.

Vernis (Enlèvement du).

On peut, pour ne pas recourir à la potasse, se contenter d'un mélange par parties égales d'ammoniaque liquide à 88/100 et d'eau. Il faut bien le faire pénétrer dans le vernis.

Vernis (Formule simple de).

La recette suivante pourra rendre des services : c'est la formule d'un vernis ou plutôt de vernis de toutes couleurs. On prend 100 parties de vernis de gomme laque, qu'on peut se procurer partout, et on y ajoute 5 parties de térébenthine de Venise, puis une vingtaine de parties d'huile d'aspic (encore un produit qu'on se procure chez tous les marchands de couleurs). Quant à la coloration, elle s'obtient facilement par addition d'une quantité convenable d'une solution concentrée faite avec un extrait des couleurs d'aniline. Le vernis qu'on se fabrique de la sorte est extrêmement brillant et élastique, ce qui l'empêche de se craqueler comme tant d'autres.

(**2e Recette**).

Voici encore un moyen économique de faire un excellent vernis, tout simplement en tirant parti des pellicules photographiques hors d'usage. On commence par débarrasser la pellicule de toute trace d'émulsion, puis on la fait dissoudre dans un mélange par parties égales de benzol et d'acétate d'amyle, deux substances que l'on peut se procurer chez les marchands de produits chimiques.

On opère cette dissolution dans un flacon, parce qu'il fait bon la secouer assez souvent pendant les trois jours que demande la fin de l'opération. Quand les trois jours sont passés et le celluloïd qui forme les pellicules complètement dissous, on ajoute un volume égal d'alcool, plus une même quantité d'éther, et, après avoir encore agité fortement et laissé reposer deux ou trois jours, on décante tout ce qui présente un aspect clair, et on filtre sur de la ouate pour que le vernis soit tout à fait limpide.

(**3e Recette**).

Vernis un peu coûteux, il est vrai. A 8 parties en poids de vinaigre, on ajoute 1 1/2 de blancs d'œufs, 8 d'huile de lin brute, 2 1/2 d'alcool, 1/2 d'orseille et enfin 2 d'acide chlorhydrique.

Vernis pour étiquettes

Si vous voulez vous préparer un excellent vernis pour les étiquettes de papier, vernis qui les préserverait de l'eau, de la poussière, des déchirures mêmes jusqu'à un certain point, vous n'avez qu'à faire dissoudre, dans 80 parties d'alcool à 95 degrés, 8 parties de gomme mastic, 4 de baume de copaïba, 6 de térébenthine de Venise, 8 d'huile de térébenthine, et enfin 24 de sandaraque. On laisse plusieurs jours dans la bouteille où l'on a fait le mélange, mais en secouant fréquemment, et en décantant finalement après avoir maintenu au repos durant plusieurs autres jours. Ce qu'il y a de plus intéressant dans ce vernis, c'est qu'il peut s'appliquer aussi sur la peinture ordinaire, sur les cadres dorés, etc., et qu'il préserve admirablement toutes ces surfaces en ne jaunissant jamais.

Vernis pour fusil.

Ce vernis protège le métal contre toutes intempéries, et il est très facile de fabriquer, en prenant toujours bien garde au feu.

On fait chauffer dans de l'alcool, au bain-marie, dix parties de mastic en grains, cinq de camphre, autant de sandaraque et autant de gomme dammar. Il n'y a pas de quantité précise d'alcool à indiquer, il faut simplement qu'il y en ait assez pour donner une consistance liquide. On applique l'enduit au moyen d'un pinceau doux.

Vernis hydrofuge.

Un vernis hydrofuge et imperméable est susceptible de

rendre des services aussi précieux que multiples : il en existe un appelé *calfatine*, et la base en est du celluloïd qu'on fait dissoudre dans de l'éther ou de l'alcool ; on y ajoute du talc, du chlorure de magnésium pulvérisé, et on obtient finalement l'enduit rêvé. Etant donnés ses composants, cet enduit présente une inflammabilité fort grande.

Vernis imperméable.

Pour obtenir un bon vernis imperméable, on fait dissoudre 8 parties de borax et 2 de carbonate de soude dans 160 d'eau chaude, puis on ajoute 30 parties de gomme laque blanche partagée en petits morceaux ; on continue de chauffer en remuant. Quand tout est bien dissous, on laisse refroidir, et l'on additionne d'une partie de glycérine et de 119 d'eau.

Vernis pour meubles.

Si vous voulez réparer des meubles dont la surface est plus ou moins éraillée, refaire par exemple certaines portions du vernis d'un piano, il vous faut un vernis très fin, que vous ne trouverez pas souvent tout préparé chez les marchands. Une bonne formule que vous pouvez appliquer vous-même ou faire appliquer par un ouvrier, consiste à dissoudre 65 parties de ce qu'on nomme de la gomme mastique, puis 250 parties de gomme laque en écailles dans 1000 parties d'alcool.

(2e Recette).

Pour vernir le noyer et le maintenir en excellent état de

conservation, on prend par parties égales de la terre d'ombre, ce qu'on trouve chez tous les marchands de couleurs (nous entendons de la terre d'ombre brûlée), et de la pierre ponce en poudre impalpable, qu'on mélange intimement, et qu'on applique sur le bois au moyen d'un chiffon de laine humecté d'huile de lin. Il ne reste plus ensuite qu'à frotter avec des chiffons de coton bien souples, le résultat final devant être d'autant plus satisfaisant qu'on aura frotté plus vigoureusement.

Vernis pour objets en paille.

En faisant dissoudre 500 parties de gomme laque en écailles, et 175 de sandaraque dans 2000 d'alcool, et en ajoutant 15 parties d'huile de ricin et 50 de térébenthine de Venise, on fabrique un excellent vernis pour les objets en paille, chapeaux ou autres.

Vernis d'or.

Pour préparer un vernis d'or, faites dissoudre 15 grammes de gomme-laque en écailles et un gramme de curcuma (autrement dit de safran de l'Inde) dans 330 grammes d'esprit-de-vin, en maintenant autant que possible le liquide tiède, tout en prenant garde aux inflammations inopinées. Vous appliquerez ce vernis à l'éponge, et l'étendrez bien également dans deux directions perpendiculaires l'une à l'autre; il prend admirablement sur le fer-blanc par exemple.

(2e Recette).

Vous prenez un litre d'alcool à 90, de l'esprit-de-vin à

un très fort titre comme vous voyez, et vous y faites dissoudre 85 grammes de gomme laque en poudre ; vous exposez au soleil pendant un certain temps, afin d'obtenir un épaississement et aussi une transformation partielle, puis vous enfermez dans une bouteille de grès. Quand vous voudrez employer, vous ferez chauffer légèrement la pièce en cuivre ou laiton que vous voulez dorer (si cela peut s'appeler dorer), et vous la tremperez à plusieurs reprises dans le vernis, jusqu'à ce que vous ayez une belle apparence.

(3e Recette).

Prenez 170 grammes de gomme-laque en écailles, 30 de sang-dragon, 5 de gomme-gutte et 2 de safran. Vous dissolvez le tout dans de l'alcool, le vulgaire alcool à brûler de bonne qualité, et pour cela je ne vous indiquerai pas de volume ni de poids : il faut assez de liquide pour que le mélange ait l'apparence d'un bon vernis un peu sirupeux, et que, appliqué sur le métal, il y laisse un dépôt adhérent couleur d'or.

Vernis pour pianos.

Dans 1.000 parties d'alcool, on fait dissoudre 65 p. de gomme mastic, et 250 de gomme laque en écailles. On obtient un vernis encore plus fin en additionnant d'un dixième de benzine, puis en secouant et en décantant la benzine.

(2e Recette).

Il est pour les objets les plus fins, car, ce qui caractérise les vernis pour piano, c'est justement la finesse qu'ils doivent présenter. On peut faire une solution de 65 parties de gomme mastic et de 250 p. de gomme laque en écailles dans 1.000 p. d'alcool. Mais on fait bien de secouer la solution avec 1/10 de son volume de benzine, pour enlever ensuite la benzine au bout de quelques heures de repos.

Vernies (Préparation des surfaces).

Nous ne prétendons pas enseigner au lecteur le moyen d'obtenir ces surfaces vernies impeccables qui sont de rigueur pour les panneaux de voitures, ou encore pour les pianos ; mais nous pouvons leur donner les grands principes qui servent généralement à obtenir une surface très lisse et très homogène, rappelant un peu de laquage. On commence par appliquer sur le bois 5 ou 6 couches d'un bon vernis épais remplissant bien les dépressions de la surface ligneuse. On a dû laisser bien sécher toutes les couches successivement. Alors on passe de la poudre de pierre ponce de manière à faire disparaître toutes les dénivellations résultant des épaisseurs différentes de vernis. Puis on étend une seule couche d'un bon vernis fluide, et quand elle est sèche et dure, on passe à la surface la poudre de ponce la plus fine que l'on puisse se procurer, en faisant suivre de terre pourrie très fine humectée d'eau, et bien blanche. Le mieux est de passer cette terre pourrie avec la paume de la main, et de continuer jusqu'à toute trace de pinceau soit disparue, et qu'on ait une surface absolument unie et sans la moindre rayure. On enlève finalement la poussière de terre pourrie qui peut demeurer adhérente, au moyen du passage d'un enduit huileux fait de 2 parties de térébenthine et d'une partie d'huile douce

Vernis transparent pour dessins, tableaux, etc.

Voici la composition d'un bon vernis transparent : on

fait dissoudre environ 65 grammes de gomme-laque dans un litre d'eau-de-vie rectifiée, on ajoute 125 grammes de noir animal bien calciné et préalablement chauffé, et on fait bouillir le tout pendant quelques minutes. Si, en filtrant alors une partie du mélange sur du papier buvard gris, on ne le trouve pas suffisamment incolore, on y ajoute à nouveau du noir jusqu'au résultat à obtenir.

Lorsque le mélange est d'une transparence parfaite, on le filtre d'abord sur un morceau de soie, puis sur du papier Joseph.

Vernis.

(V. *Chapeaux de paille. — Graveurs. — Parquets*).

Verre (Ciment transparent pour).

Cela se prépare à froid : on fait digérer durant une semaine dans 67 parties en poids de chloroforme, une p. de caoutchouc, qu'il vaut toujours mieux couper en morceaux, le tout additionné de 40 p. de gomme mastic.

Verre (Pour couper le).

Ne pas oublier que l'on peut couper avec des ciseaux ordinaires une feuille de verre, un morceau de carreau, par exemple, aussi facilement que l'on couperait une feuille de carton. Tout le secret consiste à plonger dans un sceau d'eau, le verre, les ciseaux et les mains ; le verre se coupe en lignes droites ou courbées sans cassure, ni fente : cela tient à ce que l'eau amortit les vibrations des ciseaux et de la plaque de verre.

Si l'opérateur laissait sortir de l'eau la plus petite partie des ciseaux, les vibrations seraient suffisantes pour empêcher le succès de l'expérience.

Que les incrédules essaient, ils seront convaincus ; on peut aussi découper du verre mince avec des ciseaux sans le plonger dans l'eau, en recouvrant ce verre de bandelettes de papier solidement collées et disposées dans tous les sens ; ces bandelettes amortissent assez les vibrations pour empêcher le verre de se casser. Le procédé du sceau d'eau, toutefois, réussit plus sûrement.

Verre dépoli.

Pour imiter le verre dépoli, et empêcher la vue de traverser des vitres, peignez-les avec le composé suivant, mais en opérant de jour, et loin de toute lumière, en raison de l'inflammabilité de ce composé : 2 parties 1/2 de sandaraque, 1/2 partie de gomme mastic, puis 24 parties d'éther et enfin 16 à 18 parties de benzine.

Ou encore préparez une solution de sel de magnésie dans du vinaigre, que vous appliquerez sur le verre avec un pinceau. Pour empêcher cet enduit de partir trop facilement, passez par dessus un peu de vernis blanc.

Verre (Perçage du).

Que vous vous livriez aux mille petits travaux de l'amateur, que vous vouliez arrêter une fracture dans une glace, ou pour toute autre raison, vous pouvez avoir besoin de percer un trou dans du verre. Rien n'est plus facile, en observant certaines précautions pour la préparation des instruments et dans l'opération même du perçage. D'abord il faut que la mèche que vous emploierez soit trempée d'une certaine façon : vous la chauffez à une flamme d'alcool ou de gaz jusqu'à ce qu'elle devienne d'un beau rouge sombre, et alors vous la plongez tout droit dans un bain de mercure. Il n'est pas du reste nécessaire (tout au contraire) que la mèche morde très dur, il vaut mieux qu'elle ait des angles un peu adoucis : en semblable matière, pour aller sûrement il faut aller lentement. Pour le perçage même, qui doit être conduit avec prudence ainsi que nous venons de le dire, il faut humecter la mèche avec de l'huile de térébenthine dans laquelle on a mis dissoudre du camphre. Quand on arrive près de la fin du trou, et par conséquent près de l'autre face du verre, on fait bien de tremper dans l'eau, ou encore de renverser la lame de verre, l'objet à percer, de façon à attaquer de nouveau le trou par l'autre face.

Verre.

(V. *Ciment. — Colle. — Encre. — Etamage*).

Vers des meubles (Destruction des).

Quand les vers se mettent dans les meubles, on peut les détruire dans les galeries mêmes qu'ils se creusent au milieu du bois. Pour cela, le plus simple est de boucher tous les trous qui apparaissent extérieurement avec de l'alun calciné en poudre qu'on presse dans le trou avec le bout du doigt ; on met par-dessus un peu de mastic auquel on a donné la coloration du bois.

Vêtements.

(V. *Cires. — Rouille. — Taches*).

Vis.

(V. *Rouille* [*Préservation*]).

Vitres opaques.

Passer sur le verre, à chaud, une dissolution de 25 grammes de sulfate de zinc, d'autant de sulfate de magnésie et de 5 grammes de gélatine dans 100 grammes d'eau chaude.

Vulcanite (Ciment pour).

Comme la vulcanite sert maintenant à faire de nombreux objets, voici le moyen de la recoller, de réparer des fractures. Entre les lèvres de la fracture dont les bords sont passés au papier d'émeri, on place du ciment composé comme suit : On met de la gélatine dans un bocal largement ouvert, puis on la recouvre avec de l'acide acétique fort ; on laisse l'acide la ramollir complètement, puis on fait fondre à feu doux.

Y

Yachts (Enduit pour carènes de)

Au bain-marie, on fait dissoudre 225 grammes de cire d'abeille dans 4 1/2 litres de térébenthine, auxquels on ajoute un kilo à peu près de laque en grain dissoute au préalable dans 4 1/2 litres d'alcool de bois ; on filtre du reste le tout. On fait bien de compléter par 3 kgs et même un peu plus de protoxyde hydraté de fer, 450 grammes de chlorure de mercure et autant d'arsenic. C'est un enduit excellent contre les incrustations de coques, mais il coûte assez cher.

Z

Zinc (Nettoyage du).

Pour nettoyer les objets en zinc, et les rendre brillants, on doit commencer par les laver soigneusement à l'eau de savon, puis on les polit à l'aide de pétrole.

Zinc

(V. *Bronzage*. — *Encre*).

LAVAL. — IMPRIMERIE L. BARNÉOUD ET Cie

www.ingramcontent.com/pod-product-compliance
Ingram Content Group UK Ltd.
Pitfield, Milton Keynes, MK11 3LW, UK
UKHW020558180726
13838UKWH00001B/312